梁玉芳

——

著

持志以恆

TANG PRIZE

—— 唐獎 ——
第三屆得主的故事

詹姆士・漢森
JAMES HANSEN

維拉布哈德蘭・拉馬納森
VEERABHADRAN RAMANATHAN

東尼・杭特
TONY HUNTER

布萊恩・德魯克爾
BRIAN DRUKER

約翰・曼德森
JOHN MENDELSOHN

宇文所安
STEPHEN OWEN

斯波義信
YOSHINOBU SHIBA

約瑟夫・拉茲
JOSEPH RAZ

目次

第三屆唐獎的追尋

典麗唐獎
TANG PRIZE

2018

永續發展

Sustainable
Development

Biopharmaceutical
Science

生技醫藥

TAN

2018年9月21日，唐獎第三屆頒獎典禮在國父紀念館隆重舉行，圖為得獎人、頒獎人，以及得獎事蹟介紹者於舞臺就座，典禮即將開始。

唐獎第三屆頒獎典禮在國父紀念館盛大舉行，頒獎給對世界有重大貢獻者，圖為得獎人、頒獎人、得獎事蹟介紹者、唐獎創辦人尹衍樑博士（中）合影。

唐獎第一屆生技醫藥獎得主本庶　佑教授（右一）頒發生技醫藥獎，肯定東尼·杭特博士（右二）、布萊恩·德魯克爾博士（左二）、約翰·曼德森博士對於癌症治療的貢獻，左一為代表約翰·曼德森領獎的其子傑夫·曼德森。

唐獎第一屆法治獎得主奧比·薩克思大法官（左），頒發第三屆法治獎給約瑟夫·拉茲博士（右），象徵和平、平等、正義的傳承。

唐獎第三屆得主與代表齊聚歡迎酒會合影，中為唐獎教育基金會陳振川執行長。

唐獎創辦人尹衍樑博士出席歡迎酒會，與得獎者共勉未來願景，希望讓子孫有比我們更美好的世界。

漢學獎得主宇文所安教授（中）、斯波義信教授（左）獲獎後，與頒獎人中研院黃進興副院長（右）合影。

唐獎第三屆永續發展獎得主詹姆士‧漢森博士（左）、維拉布哈德蘭‧拉馬納森教授（右），在歡迎酒會上相談甚歡。

唐獎第三屆歡迎酒會中，臺北市柯文哲市長向唐獎得主致賀。

唐獎第三屆盛宴於臺北圓山大飯店盛大舉行，在「優人神鼓」震撼的鼓聲中揭開序幕。

唐獎第三屆得獎者及代表參訪唐獎教育基金會，與基金會陳振川執行長（中）留下輕鬆的合照。

唐獎生技醫藥獎得主東尼‧杭特博士，接受各家媒體採訪。

得獎人演講在福華文教會館舉行。

永續發展獎得主詹姆士・漢森博士在國立中央大學舉行的大師論壇開講，講題是「全球能源、氣候與健康：建構我們的世界」。

永續發展獎得主維拉布哈德蘭・拉馬納森教授在國立中興大學舉行的大師論壇，以「曲線彎轉：氣候變遷解決之道」為題演講，並與師生對談。

生技醫藥獎得主東尼・杭特博士在國立臺灣大學舉行的唐獎大師論壇演講，講題是「研究生涯五十載──歷久彌新」，他並與師生對談。

生技醫藥獎得主布萊恩・德魯克爾博士在中國醫藥大學舉行的大師論壇演說，講題是「癌症標靶治療的典範──伊馬替尼」。

漢學獎得主宇文所安教授在國立臺灣師範大學舉行的大師論壇開講，講題是「闡釋：從小開始」，觀眾從他吟詩的表情，即可看出他的情感豐富。

漢學獎得主斯波義信教授在國立成功大學舉行的大師論壇演說，講題是「臺南府城的『境』與華人社會組織」，他對師生的提問均仔細思考，慎重回答。

法治獎得主約瑟夫・拉茲教授在國立政治大學舉行的大師論壇演說，講題是「法自身之品性」，他並與師生對談。

唐獎「大師論壇」十分轟動，每場都座無虛席，圖為在國立政治大學舉行的論壇，學生們專心做筆記。

獎章：生命開放的可能

設計師　　**深澤直人**

深澤直人是活躍於日本當代的工業設計大師，作品多
呈現簡約樸素的風格。曾獲日本多項設計大獎，並為
無印良品等國際知名品牌設計產品。

唐獎獎章由日本設計師深澤直人（Fukasawa Naoto）設計，他以一體成型的螺旋曲線，象徵DNA及龍
的意象，以闡釋生命的力量與運動的動態。螺旋曲線由圓形結構構成，卻不會回到相同原點，象徵著
我們歷史、成長及生命的無限感。更以極現代性手法呈現「昇龍」（上求菩提）與「降龍」（下化眾
生）的東方文化哲學思考。再以0.1公分的縫隙，詮釋生命開放的唐獎精神。

唐獎教育基金會特別與中央造幣廠合作，以9999純金打造唐獎獎章，透過雷射雕刻、鏡面拋光等工
藝技術，打造出這份兼具力與美的高難度藝術品。

第三屆證書：未行之路

設計師　　**伊瑪・布**

2010年《紐約時報》將伊瑪・布封為「當代最佳書籍設計師」，她是德國「書籍設計終身成就獎」史上最年輕的獲獎人，作品風格細膩簡約，為設計賦予靈魂。

　　唐獎第三屆證書，由荷蘭設計師伊瑪・布（Irma Boom）設計，她的靈感來自於美國詩人羅伯特・佛洛斯特的詩〈未行之路〉，以詩中意境比擬唐獎得獎人不追求明確而易顯的道路，卻步上沒人走過的途徑，所思、所想是創新的思維，因此有了新的發現。

　　四個獎項證書的設計，各自折切出的方向與角度，彷彿指向一條新的路徑，發展出新的思維領域與空間。A4版型折切破格的表現，象徵唐獎打破思考路徑的框架；外盒設計可打開，像是開啟一道門，上方印製的唐獎Logo，象徵開啟全新的世界。

唐獎光華

　　2018 年 9 月 21 日，莊嚴宏偉的國父紀念館內弦歌雅樂，盛大舉行第三屆唐獎頒獎典禮，表揚對世界有重大貢獻的八位得獎者，並引發國內外媒體全面報導，之後唐獎教育基金會於多所國立大學舉辦唐獎「大師論壇」，讓世人及學子充分了解目前舉世面臨的重大議題，及得獎者如何努力鑽研，獲得重大的突破與成就，期能勉勵時代先驅者，「以其學說易天下，以天下為己任」，共同為世界文明而努力，並鼓勵後進效法，為人類做出更大的貢獻。

　　「唐獎」由潤泰集團總裁尹衍樑博士捐款新臺幣 30 億元，於 2012 年 12 月成立，針對永續發展、生技醫藥、漢學及法治四大領域的研究，不分種族與國籍，遴選出對世界具有實質貢獻與影響力的研究者，每兩年頒獎一次，每次提供每一獎項獎金新臺幣 4,000 萬元，以及得獎人研究補助費新臺幣 1,000 萬元。至今已舉辦三次，分別是 2014 年、2016 年及 2018 年。

　　唐獎成立七年，但開辦以來廣受國內外重視，尤其是 2014 年唐獎第一屆生技醫藥獎得主詹姆斯‧艾利森（James Allison）、本庶 佑（Tasuku Honjo）博士兩人，於 2018 年摘下諾貝爾生理學或醫學獎桂冠，讓唐獎更受到國際肯定與關注。

　　第三屆唐獎的八位得獎人分別是永續發展獎得主詹姆士‧漢森（James Hansen）、維拉布哈德蘭‧拉馬納森（Veerabhadran Ramanathan）；生技醫藥獎得主東尼‧杭特（Tony Hunter）、布萊恩‧德魯克爾（Brian Druker）、約翰‧曼德森（John Mendelsohn）；漢學獎得主宇文所安（Stephen Owen）、斯波義信（Yoshinobu Shiba）；法治獎得主約瑟夫‧

拉茲（Joseph Raz）。

　　回顧唐獎三屆的得獎者，在永續發展獎方面，均是針對全球過度開發與環境資源過度消耗，提出警訊、搶救觀念及行動的時代先驅。生技醫藥獎方面，其中第一及第三屆得主均為癌症治療帶來重大突破。漢學獎方面，三屆得獎者都是對中國文學、歷史、思想學有專精的中西漢學大師。法治獎則頒獎給追求法治理想，奮鬥一生的法治鬥士，得獎者均可謂實至名歸。

　　回顧人類歷史，工業革命 250 年來，人類科技文明日新月異，但地球資源的濫用，生存環境的嚴重受損，勢將影響下一代的生活；另方面，生技醫藥雖然進步，但至今對挽救一些疾病患者束手無策；又如人類社會雖大步走向民主、法治，但不公不義仍隨處可見；而我中華民族五千年文化，留下許多文史瑰寶，更應該發揚光大。這些都有待努力研究、克服及發揚，這正是唐獎創立的目的。

　　唐獎是國際知名的學術獎座，受獎者都對人類社會有重大貢獻。頒獎的目的，除了可以勉勵時代先驅者共同為世界文明而努力，也期盼因此拋磚引玉，以得獎者畢生努力的故事，啟發青年學子找到奮鬥的方向，持志以恆，再造輝煌。

推薦序

唐獎精神，走在自己的道路上成就下一代

唐獎教育基金會董事、律師

陳長文

給我親愛的孩孫，與下一代人們：

　　小 P、關關、樂樂，當外公讀到唐獎第三屆永續發展獎得獎人詹姆士・漢森（James Hansen）因思及孫女蘇菲長大後的處境，而寫下《蘇菲的星球》（*Sophie's Planet*）一書，這讓我想到了你們，和下一代人所期待的世界會是什麼模樣，而我們這一代人，又能預先做些什麼，能帶給你們什麼祝福？

　　2012 年，外公的好朋友尹衍樑博士創立唐獎，也應該有為孩孫輩多做些什麼的情懷。因此，有別於其他學術獎項，唐獎的存在更體現當代社會所面臨的現實面挑戰，並規劃了以「永續發展」、「生技醫藥」、「漢學」及「法治」四大領域的貢獻，創造嶄新的價值觀。唐獎期許鑽研學問並不只是專注於研究本身，更要擴及實踐與其對人類的影響，外公以為這就是唐獎的意義。

　　永續發展獎，是要改善地球的環境。外公很擔心，等到你們像我這個年紀的時候，地球會變成什麼樣子。詹姆士・漢森（James Hansen）與維

拉布哈德蘭・拉馬納森（Veerabhadran Ramanathan），他們不僅發現、證明溫室效應的存在與原因，更呼籲全世界的人民關注，共同來保護我們的地球（從時間來看，應該是你們的地球）。

　　生技醫藥獎，是要改善人類的健康。東尼・杭特（Tony Hunter）、布萊恩・德魯克爾（Brian Druker）、約翰・曼德森（John Mendelsohn）三位科學家，發現了蛋白質酪胺酸磷酸化與酪胺酸激酶，及對癌症研究有卓著的貢獻。希望等到你們長大以後，癌症不再是個無解的難題。

　　而漢學獎，則是我們有幸身為漢文化後裔，負有承先啟後的使命。宇文所安（Stephen Owen）先生說：「很多東西到了40歲才有用、80歲才有感悟。」而斯波義信（しば よしのぶ　Yoshinobu Shiba）先生，他既專注草根民間發展，像是臺南的「境」文化、角頭文化，又以研究宋代商業史成名。漢文化中承載的是一種「心境」，是一個人的內在根本追尋。孩子們，科技的確瞬息萬變，但那只是載具，真正寶貴的是文化本身。

　　作為法律人，外公除關心正義的實踐，亦關注「實踐正義的過程」。第三屆法治獎得主約瑟夫・拉茲（Joseph Raz）長年專注於法理學領域，他曾談到對轉型正義的感悟：「兩方打仗時往往會想著如何獲得勝利，但卻往往忽略『戰爭的勝利可能是災難的開始』。」令外公印象極為深刻。轉型正義最容易犯下的錯誤，即是看似由新政權填補過去的傷痛，重新開始，但新政權可能因在不夠「自覺」的情況下，因「重建」正義而再次造成撕裂對立。因此，追求和平且永續共榮的前提是，政府必須謹記「掌權」萬萬不能凌駕於法律，務必讓「法律的力量」（the power of the law）──而非「有力量人的法律」（the law of the powerful）──成為推進法治的舵手。在當前政府大力推動下，《促進轉型正義條例》於2017年立法，其任務亦已然開展，但願現在及未來的政府皆能在民主憲政下，以拉茲的建言為鑑，戒之慎之。

　　最後，法治是要改善我們的社會。在學校，我們會說「要聽老師的

話」，那麼等到長大，變成「大人」之後，要聽誰的話呢？其實，無論任何政府體制，往往都是由相對少數的一群人，去決定「法律」的面貌；如果這一群人有了私心怎麼辦？如果法律不利於一般人民怎麼辦？壞的、不好的法律，也應該要遵守嗎？拉茲教授長年探討「法」存在的價值與法的本性的問題。他認為，法治、政府的正當性，「必須以被統治者的利益為基礎」。這短短的一句話，可以說永遠都思考不完。

外公期盼你們，不僅能從這本書中，了解唐獎的四大獎項研究的前沿，更能從諸位歷屆得主的治學歷程中，得到自己的啟發。時時對世界充滿好奇，「不管結果如何」，都以埋首研究的開闊心胸，或者即使面對排山倒海的質疑，也相信自己，堅持下去……。

這過去三屆眾多唐獎得獎者們的故事，告訴年輕人的是，要勇敢地嘗試、去找自己的熱情所在，那樣才會快樂、才會長久。一路上也許會遭遇挫折，但就如唐獎的永續精神般，「堅持」才真正有機會為人類謀幸福，為時代創價值！

推薦序
聽見唐獎的迴響

國立臺灣師範大學文學院院長

陳秋蘭

　　唐獎盛宴除了歡迎酒會、頒獎典禮、得獎人演講及音樂會外，還有深入校園舉辦的大師論壇，臺師大文學院跟唐獎的結緣就在2018年的「唐獎大師論壇」。

　　2018年的得獎名單公布前，唐獎教育基金會邀請臺師大協辦唐獎的漢學獎大師論壇，在幾個月的籌辦過程中，我們開了幾次籌備會，也進行場勘，以物色最佳場地及模擬動線，每一次的會議我都可以感受到唐獎教育基金會工作同仁對此事的投入及慎重。論壇地點最後選在臺師大古典建築卻具現代設備的禮堂舉行，將第三屆唐獎漢學獎得主哈佛大學退休教授宇文所安的演講，以即席翻譯、現場直播方式，讓每位關心唐獎、喜愛文學的社會大眾，得以參與兩年一度的大師論壇，一睹大師丰采。

　　2018年9月26日當天，漢學獎得獎人宇文所安一早就抵達會場，親切地和與談人話家常。該次論壇的與談人均為國內年輕且優秀的漢學學者，如中研院新科院士鄭毓瑜，中研院中國文哲研究所胡曉真所長及師大國文系徐國能教授，他們以座談方式和得獎人互動，在不同世代的與談者及滿堂的聽眾中，宇文所安平易近人的風範及對中國古典詩歌的熱愛和新穎的

解讀觀點，不但對古詩閱讀注入新的活力，也不斷激起與會者對漢學產生共鳴，並加入對談。

　　席間迸出的火花包含古代與現代語言的解讀、中文文字書寫簡繁之差，以及典雅與通俗、傳統與創新等看似不協調，卻又不違和的共存於漢學研究中。身為活動籌備人員之一，我看到了唐獎漢學大師如何將唐代文學作品賦予新的意義，也看到在場聆聽的師生對大師治學熱情的感佩。

　　我有幸參與籌劃此次唐獎漢學大師論壇，深深感受到唐獎教育基金會將大師帶入校園，啟發年輕人，及重視得獎人的傳承與分享的精神。這本書的出版可以讓更多人了解唐獎得獎人的學術成就，也透過大師訪談的對話內容，一窺得獎人的心路歷程。

　　很高興看到本書的出版，它延續了唐獎得獎人的影響力。唐獎的另一個影響力是藉由提供經費，讓得獎者可以延續研究、分享研究成果或理念，以擴大其影響力。臺師大文學院也延續與唐獎的緣分，今年五月舉辦由第二屆唐獎漢學獎得獎人狄培理的弟子所帶來的校園師生座談及工作坊，讓唐獎的文學氣息繼續在臺師大迴盪。

推薦序
雖千萬人，吾往矣

國立臺灣師範大學附屬中學校長

王淑麗

　　第三屆唐獎頒獎典禮後，主辦單位將各得獎人的專訪集結成冊準備出版，我在閱讀四大獎項得獎人的專訪後，心中湧現一句話：「雖千萬人，吾往矣！」尤其是永續發展獎得主詹姆士‧漢森（James Hansen）博士十分令我動容，這位自稱是個安靜、從不愛出風頭的美國科學家，不僅打破沉默，而且成為勇敢的鬥士。

　　現年77歲的漢森博士，投入氣候變化相關研究三十餘載，是國際知名的全球暖化研究專家，1988年，他在美國國會公開聽證會上宣告「全球暖化已經發生了」，此後，戮力為氣候變遷議題四處奔走，與不認同他的科學家展開辯證，更為了留給後代子孫一個適合生存的地球，勇於與美國政府周旋多年，面臨強大的壓力也無所畏懼。

　　師大附中很榮幸能與唐獎教育基金會合作，邀請漢森博士以「新世代的世界：創造你們的未來」（Young People's World: Making Your Future）為題，在本校與高中生對談，會場座無虛席，除本校學生外，更有鄰近友校與遠來的臺東女中學生，現場互動熱絡，充滿知識與智慧的火花。

　　另一位獲得永續發展獎的維拉布哈德蘭‧拉馬納森教授（Veerabhadran Ramanathan），他是第一個提出氟氯碳化合物（CFC）也屬於溫室氣體的學者，此物不僅會影響大氣臭氧層，也對氣候系統產生衝擊，他提醒世人注意二氧化碳以外之溫室氣體，如甲烷、一氧化二氮及對流層臭氧等對全球暖化的影響。

　　生技醫藥獎有三位得主，都是表彰對癌症治療具有偉大貢獻的科學家。東尼‧杭特（Tony Hunter）博士發現致癌基因Src是一個酪胺酸激酶，成為整個酪胺酸激酶抑制劑（Tyrosine kinase inhibitor, TKI）研究領域的鼻祖。布萊恩‧德魯克爾（Brian Druker）博士則是成功使Gleevec成為TKI標靶治療藥物的先驅。在他的研究歷程中受過不少挫折，他特別告訴讀者「你一定會面對挫折，一定會被拒絕，一定會有人說你不夠好。但你一定要相信自己一定可以克服每個障礙。只要認清並做這件事，再加上一些彈性，你一定可以強勢回歸。」第三位得獎人約翰‧曼德森（John Mendelsohn）博士與其團隊則第一個成功開發出利用抗體抑制受體之酪胺酸激酶活性的標靶治療方法。

　　漢學獎得主有兩位，宇文所安（Stephen Owen）先生是當代中國古典文學最重要的學者，以唐詩研究獨步全球，為漢學開創新局。宇文所安在訪問中表示他的父親是一位物理學家，常告誡他「聰明不值錢」，而要從一個問題的起點開始，把每一個繁複的步驟都要搞清楚，才是最根本的治學之道。他也提到當年在耶魯大學不顧教授反對，堅持主修古典漢學的經驗，及堅持自己所追求的興趣和夢想，四十年如一日的治學精神。斯波義信（Yoshinobu Shiba）教授長期執教於東京大學，是中國社會經濟史極其重要的學者。本書形容他，「在瘦小的身形裡，充溢著鋼鐵般意志，支持他守著冷門的中國商業史，六、七十年如一日，從未動搖。」

　　法治獎得主約瑟夫‧拉茲（Joseph Raz）教授專長領域為法律、道德與政治哲學，是當代法律哲學家之翹楚、知識界一代巨擘，拉茲曾說他的

一生都在思考，找問題，求答案，而他對學生的要求也總是對話、思考、自己找答案。

　　本書的出版讓所有讀者再次見證第三屆唐獎得獎人對理念的堅持，勇於追求理想的勇氣，面對挫折的無畏，「雖千萬人，吾往矣！」而這份堅持和勇氣，足以作為所有青年學子的典範。

薪傳

持志以恆　造福人類

美國加州大學生物工程及醫學總校教授、
中央研究院院士、唐獎評選委員會總召集人

錢　煦

　　唐獎由企業家尹衍樑先生個人捐助成立，期發揚盛唐精神以及中華文化。盛唐之世是東西方文明交會、政治經濟顛峰時期，唐人對世界展現自信，並有兼容各文化的胸懷氣度。為了發揚這項理念，唐獎設置「永續發展」、「生技醫藥」、「漢學」與「法治」四大獎項，每兩年一屆。首屆唐獎頒獎典禮於2014年舉行。

　　第三屆唐獎在2018年9月頒發，四獎項共有八位得獎人。唐獎教育基金會委請聯經出版公司出版這本書，以期宣導得獎人的理念及貢獻，啟發年輕人對地球與人類研究的志趣，增進世人的健康福祉。這本書是由名作家梁玉芳女士採訪執筆，共有八章，每章寫一位得獎人，各包含三節：得獎人簡介、專訪問答，以及知識錦囊。

　　永續發展獎得主詹姆士・漢森（James Hansen）和維拉布哈德蘭・拉馬納森（Veerabhadran Ramanathan） 秉持深厚的科學基礎，對氣候變遷進行精確的研討；發出對世界未來的緊急警訊，並提出基本問題及解決方法。他們在艱巨的阻礙與困難的挑戰中未曾卻步，把對地球與後代的憂慮化為毅力，數十年來持之以恆，為現今國際氣候協定奠定基礎；為地球與

後代的未來，堅定地持續奮鬥。

　　生技醫藥獎得主是東尼・杭特（Tony Hunter）、布萊恩・德魯克爾（Brian Druker）和約翰・曼德森（John Mendelsohn）。杭特發現蛋白質酪胺酸的磷酸化在細胞癌化過程中所扮演的重要角色，給標靶抗癌一個關鍵性的起步點。曼德森開發了用單株抗體藥物作為標靶治癌的新方法。德魯克爾結合藥物發展和臨床實驗，發展出用伊馬替尼（Imatinib；商品名Gleevec）作為標靶治癌的創新藥物，減少癌症患者的病痛及生命威脅。他們三位從研究發展到臨床應用過程中遭遇很多困難，但他們都不屈不撓地繼續努力，持之以恆，終於成功。

　　漢學獎得主是宇文所安（Stephen Owen）和斯波義信（Yoshinobu Shiba）。宇文所安早年就立定志願以研究中國古典文學為人生目標。雖然路途艱難，總不忘初衷，例如他在大學時期的指導教授最初拒絕讓他念中國古典文學，但他並未放棄，依然堅持學習研究，深入中國詩的奧妙。斯波義信從小就對中國史學有一股熱誠，但他選擇的宋代社會經濟史，當時屬於反潮流的領域，他卻不懼艱難，將志趣與職業結合。兩位都是持之以恆，得到成功。

　　法治獎得主是約瑟夫・拉茲（Joseph Raz）。拉茲治學風格嚴謹，從不懈怠放棄，持之以恆，對任何問題都精細深入探究。他不要求學生盲從或獨尊他的見解，反是引導學生細心研討自己的思路與觀點，進而孕育出不同觀點卻各放異彩的新學問。

　　每位得獎人在他領域裡都有非常傑出的重要貢獻。從這本書內的八章可以看到他們各自的特點；但是他們也有很多相同之處，其中一個共同的特點就是在選定志趣方向之後，不怕艱難困苦，能夠努力堅持，最後克服困難，獲得成功。成語「持之以恆」就是說要有恆心地堅持去做，才能成功。因為這八位得獎人都是依據他們的志向，努力堅持，不屈不撓地去做，因此就用諧音，把這本書名取為「持志以恆」。

　　這八位傑出的唐獎得主選定志趣、潛心研究、持志以恆、造福人群的理念和貢獻，對年輕人很有啟發性，可作為他們學習和發展事業的楷模。這本書很適用於各大學通識教育及高中教育，可鼓勵青年學生為人類永續發展而努力，從事有利於地球與人類的重要研究，並發揚中華文化。

薪傳
擇你所愛　愛你所擇

唐獎創辦人、潤泰集團總裁

尹衍樑

　　唐獎自我構想到實際運作以來已將近30年，經由教育、鼓勵、創新及回饋，是我堅持著自己的夢想，希望帶動更多人正面的力量，使世界更為美好。創立了世界級的唐獎，也鼓勵華人們一齊面對全世界，經由努力及奉獻，來分享唐獎榮耀。

　　唐獎呼應「使世界更為美好」而設置的四大獎項領域，跳脫出傳統自然科學獎項的知識形式，重視人類發展、世代正義及和地球的關係，而強化21世紀重要的社會科學領域。獎項包括：與地球和平相處的「永續發展」、身心健康的「生技醫藥」、共享華人社會文化的「漢學」，和生而平等，普世存有善念的「法治」。

　　每屆唐獎總是給人意想不到的驚喜感，第三屆評選共有八位得主，各個都是丰采灼人，談吐非凡，能在唐獎週的活動中與他們相處是我的榮幸；而在唐獎週結束後又有2014年第一屆生技醫藥得主榮獲2018年諾貝爾獎，使唐獎更受世界所矚目。藉本書之出版，使大眾更了解唐獎精神、唐獎得主們的精采人生，分享他們的擴散價值。

　　如同永續發展獎得主Hansen（詹姆士・漢森）及Ramanathan（維拉

布哈德蘭·拉馬納森）博士，畢生鼓勵年輕人站起來護衛他們的地球，本人也藉此鼓勵年輕人勇往直前，歷經困難而無畏他人的眼色。「擇你所愛，愛你所擇」過程中有許多艱困之處，但最終總有甜美果實可收穫。我認為教育應該不只發生在學習的殿堂，而是日常生活中隨處可得，任何一事一物都有學習的價值與經驗，用這些平凡的經驗創造出不平凡的結果。

　　最後，本人要感謝唐獎教育基金會董監事、錢煦院士帶領之國際專業公正之評選團隊、基金會陳振川執行長及中央研究院及大學等學術機構之支持及鼓勵，使唐獎步步往前發展。

SUSTAINABLE DEVELOPMENT

James Hansen
Veerabhadran Ramanathan

詹姆士・漢森
維拉布哈德蘭・拉馬納森

唐獎第三屆永續發展獎得主

2018年唐獎永續發展獎得獎人是詹姆士・漢森博士及維拉布哈德蘭・拉馬納森教授，唐獎肯定這兩位學者在氣候變遷及對地球環境永續性衝擊的議題上，具有開創性的傑出研究。他們的研究成果所引導出的科學論述，為之後國際間相關氣候協定及聯合國2030永續發展議程之提出，奠定了重要的基礎。

詹姆士・漢森
James Hansen

獲獎理由

美國國家航空暨太空總署（NASA）科學家詹姆士・漢森博士是第一位分析出全球溫度變化超出自然變化範圍，而提出全球有暖化趨勢的科學家。他也於1987年提出全球暖化可能會造成更強烈的風暴及極端天氣的推論，過去十多年，舉世見證了這些警告都成為事實。為挽救生存環境，漢森強烈呼籲國際間應該先限制全球二氧化碳濃度不超過450 ppm，再努力將濃度減低到350 ppm，要達到這個目標，國際間必須有不再開採化石燃料的政策。

地球氣候變遷的看守人
——詹姆士‧漢森

老鴉

我大清早起，

站在人家屋角上啞啞的啼。

人家討嫌我，說我不吉利；

我不能呢呢喃喃討人家的歡喜！

——胡適

　　30年前，美國國家航空暨太空總署（NASA）科學家詹姆士‧漢森（James Hansen）在美國國會聽證會中，預言了地球將面臨的噩運：北美和亞洲遭旱澇交攻；極圈冰原融解、海平面上升，淹沒家園。

　　十足末日景象，但此刻幾已成為事實。

　　一路以來，漢森清楚而明確地捍衛這個預言的論述，更展現了他獨立不屈的性格。就像早年自美返國的胡適，看到社會上種種不合理的現象，常在演講、為文時提出批評，因此引起很多被批評者的不滿，甚至招來種種打擊，所以他自比為烏鴉。

○ 安靜的科學家走上街頭

「如果你知道我所知道的，你會怎麼做？」在 2012 年 TED（Technology, Design, Entertainment，即技術、設計、娛樂）講座中，這位全球知名的氣候變遷科學家以「為什麼我必須大聲談論氣候變遷」為題，對著臺下的聽眾提出反問。到底他知道了什麼「不能說的真相」，讓這位自稱是個安靜、從不愛出風頭的美國科學家漢森，不僅打破沉默，並變成在白宮前抗議的常客，還被警察逮捕了五次？

「把這樣一個旱澇不斷、糧食短缺的殘破地球交到下一代年輕人手上，是不道德的。」2018 年 9 月，漢森來我國出席第三屆「唐獎週」。在接受專訪時，這位平常寡言的氣候科學家以堅定的語氣重複強調：「這是不道德的！」

漢森稱得上是當代對地球暖化提出最有力科學證據的倡議家，更是一位挺身而出奮力對抗全球暖化的「唐吉訶德」，榮獲唐獎第三屆「永續發展獎」，可說是實至名歸。他認為，未來世代是對抗全球暖化的最大動力，也因此他寫下生平第一部科普著作《我子孫輩的風暴》（*Storms of My Grandchildren*）。

在公眾場合，他總是戴上有如正字標記的軟呢帽，捲起白襯衫的袖子，那股帥勁，看不出是 77 歲的長者。對記者、對民眾、對懷疑論者的提問，有問必答，鉅細靡遺。沒有全球頂尖科學家的架子，有的是如科學傳道士般的孜孜不倦。

在接受專訪的那天，他遲到了，因為演講之後，被媒體與聽眾團團包圍，而他總是有問必答，即使那些只是氣候變遷的 ABC，即使是他已答過千百遍的問題。他打趣自己：「我要學著跟記者講話時要講短一點。」

其實，私底下的漢森是不愛說話的。之所以被媒體與聽眾圍住講

個不停,是因為關於氣候變遷、全球暖化的議題,如果不說個清楚、講個明白,他如鯁在喉。

　　生於 1941 年的漢森,家鄉在美國愛荷華州丹尼森市,是佃農之子。他說,能夠一路上到大學,是很幸運的事,因為在那個年代,美國大學高等教育還沒有高度商品化(指教育變成知識的買賣及高學費政策),窮人家的孩子也能夠上大學,這改變了他的一生。事實上,他這位鄉下孩子,還改變了人類的命運。

○ 初始研究太空科學

　　1960 年代初,漢森進入愛荷華大學,1963 年獲得物理和數學學士學位,1965 年獲得天文學碩士學位,1967 年取得美國愛荷華大學博士學位。他最初感興趣的是太空科學,發現金星表面高溫是溫室效應造成的,後來興趣逐漸轉移至氣候變遷。

　　在愛荷華大學,漢森師從詹姆士・范艾倫(James Van Allen),跟著研究金星。1967 年,他加入 NASA,在哥達(Goddard)太空研究所工作,繼續研究金星。

　　1968 年,從蘇聯的衛星傳回的影像,發現金星被一層厚厚的二氧化碳包圍住,表面絲毫沒有水的痕跡,溫度高達 900 ℉(482℃)。天文科學家相信,幾十億年前的金星大氣層比現在更像地球,表面可能有大量的液態水,也曾有過適宜居住的氣溫,卻毀於失控的溫室效應,隨著太陽更明亮,金星的液態水開始蒸發,使大氣層更厚,進而蒸發得更快,在這種惡性循環之下,終於蒸乾了水分,也讓這個行星的地表溫度不斷升高、破表。

　　後來,漢森在太空實驗中,以飛行器拍下揭開金星面紗的照片,證明了金星表層覆蓋著大量硫酸煙霧和二氧化碳,這也讓他開始思考溫室效應

對地球的影響，「因為地球的變化正在眼前，比遙遠的金星更有趣，也更重要，且將影響全人類。」

◎ 發表論文　捲起千堆雪

1981 年，漢森擔任哥達太空研究所所長，他和哥達科學家團隊持續進行全球氣溫分析，集結長期以來的氣候資料，在 1987 年的《科學》（Science）期刊發表。這篇由漢森主筆的論文，以科學數據發出氣候變遷的重大警訊。

這個警訊，同時也是重要預言：全球暖化使地球的水循環更加極端，一方面暖化帶來熱浪和乾旱，一方面愈溫暖的大氣層容納愈多水蒸氣，如此一來，降水量會更極端，前所未見的超強暴風雨與洪水都是必然。

見刊的這篇論文引起全球的關注，也引發了連鎖效應，進而導致漢森於 1988 年至美國參議院的能源與天然資源委員會作證。

當天華府的氣溫創下史上當日最熱紀錄，作證的現場，電視同步轉播。在全球矚目下，漢森宣告「全球暖化已經發生了」，正式敲響地球命運的警鐘。

次日，新聞躍上《紐約時報》頭版。美國媒體如此記述這一刻：「身著奶油色西裝的愛荷華州佃農之子，語調柔和，在華府的麥克風前宣布人類已經進入了一個對抗的新時代。漢森告訴記者：『溫室效應已經被檢測出來，它正在改變我們的氣候。……該是停止含糊其辭的時候了，我們有強大的證據顯示溫室效應已經發生了。』」

漢森在國會作證後，頓時被媒體捧為全球暖化議題的科學巨星，他也一肩挑起宣導的重擔。他上電視、召開記者會，接受無數專訪，幾乎每篇報導都引用他的話，2000 年的民意調查顯示，當時民眾對於溫室效應議題的覺醒程度高達 68%。

◎ 國會作證的迴響和後遺症

但，先知總是寂寞的。

「我在國會作證後，引發很大的關注，很多批評隨之而來，於是我決定不要再捲入，因為我自認不是一個很好的溝通者，我喜歡研究科學，也做得很好，因此我決定退出。」漢森事後表示，對外說明曠日廢時，占用太多科學研究時間了。

此後長達 15 年，漢森受訪不多。直到 2004 年，他不計個人毀譽，再次出擊，因為時間已經證明了他的預言：全球暖化更為加劇，人類正往崩毀的方向走去。

2001 年，喬治‧布希當選美國總統，任職到 2009 年。漢森認為，布希和副總統迪克‧錢尼都是「石油人」，他們的能源政策就是尋找更多的化石燃料，製造更嚴重的暖化，所以他想公開鼓勵民眾投票支持民主黨候選人約翰‧凱瑞。

這讓漢森陷入麻煩。

NASA 首席律師告訴漢森：「如果你干涉選舉，會有麻煩的。」結果凱瑞選輸了，但漢森仍然希望各界聽到關於氣候變遷的真相，所以繼續公開談論這個議題，但是，白宮有人試圖阻止他說話，多次致電 NASA。

「NASA 有人告訴我，我必須先知會主管，才可以對外發表言論。如果記者打電話給我，我必須告訴記者：『在得到 NASA 同意之前，我不能說的。』我記得很清楚，NASA 有人說：『不，你不能和記者說話。』或者就派別人回答記者的問題。」

這樣的情況持續幾個星期。後來漢森決定告訴《紐約時報》，記者查證發現這是真的，將內容刊在頭版。消息見報後，NASA 迫於輿論壓力，只得撤銷這些審查措施，但事情並未就此劃下句點。

漢森引用 NASA 使命聲明的第一條：「理解並保護我們賴以生存的行星」，為自己的發聲爭取正當性。不久，NASA 把使命聲明的開宗明義第一條給刪除了，且至今未恢復。

後來，由哥倫比亞廣播公司（CBS）所製播的《60 分鐘》節目採訪漢森：「你為什麼這樣做（指跟政府唱反調）？」他回答：「我不希望我的孫子以後說，爺爺，你明明知道地球發生了什麼事，但為何你那時都不說清楚？」

「當時我有了孫子和孫女，不能讓他們未來埋怨我，因此決定發表公開聲明，批評政府缺乏適切的能源政策。」漢森想到孫兒蘇菲和康納，並對人類的未來感到憂心，「基於身為科學家的良知，我必須說出在科學上所看到的真相。」

但要如何減少溫室效應的影響？這是項巨大的工程，必須全球一起行動；化石業的利益與政治糾結之深，似乎也超出漢森的科學能應付的範圍。

2008 年接受美國廣播公司（ABC）、《衛報》（*The Guardian*）等媒體採訪時，漢森呼籲將化石燃料公司高層，包括埃克森美孚公司（Exxon Mobil）和皮博迪能源公司（Peabody Energy）的執行長，依「危害人類與自然的高犯罪」加以審理判決，「因為這些公司傳播有關全球暖化的錯誤訊息，就像菸草公司試圖掩蓋吸菸與癌症之間的關聯一樣。」

翌年，漢森還寫一封公開信給歐巴馬總統，主張暫停並逐步淘汰不良的煤電廠。

此外，從 2004 年起，漢森為了抗議化石燃料的污染，也開始走上社會運動的路線，前後被逮捕五次。第一次被捕，是因為他參加了西維吉尼亞凱福德山（Kayford Mountain）煤炭公司想整地挖煤的抗議行動。

詹姆士‧漢森博士的沙發旁也堆滿了書。

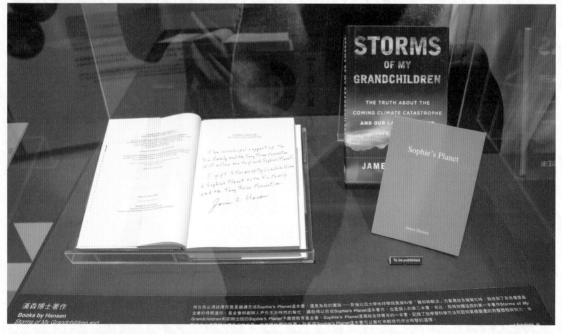

漢森博士贈送唐獎教育基金會一本他的著作《我子孫輩的風暴》（*Storms of My Grandchildren*），此書寓意未來世代是對抗全球暖化的最大動力。

漢森博士參訪唐獎教育基金會時，與介紹他的卷軸合影。

◎ 選擇社會運動的路線

此事緣起於漢森到維吉尼亞理工大學演講，學生在演講結束後送他到機場，路上告訴他關於「山人」——拉里‧吉布森（Larry Gibson）的事。吉布森拒絕將凱福德山的小屋出售給煤炭公司，因為煤炭公司想將山頂部削平，把土石推進山谷，好方便開挖煤炭。但如此一來就會嚴重污染溪流，把山村變成非常不健康的居住地，居民的壽命預期將減少大約五年。

後來，這些學生打電話邀約漢森一起去抗議山上的工程，「我同意了，還去拜訪吉布森的小屋。這次抗議活動中，我們被捕了。這是我第一次被逮，後來還有幾次。」

「我開始明白這項開礦是缺乏正義的，只為了這薄薄的煤層而破壞環境。」漢森說，獲取化石燃料的過程非常耗費能量。他們刮除焦油、沙子，推倒大面積的大量樹木，然後獲得這些黑色的資源；他們必須加熱成可以通過管道的東西，這需要很多能量，最終會產生更多的二氧化碳並消耗更多能量。

漢森表示，如果我們燃燒所有地下的化石燃料，這個星球上所有的冰都會融化，海平面將上升 70 公尺。我們從科學中知道這沒有意義，我們不應該試圖把所有地底的東西都挖出來。這些天然氣和石油足以讓我們陷入危險之中。

此外，為了敦促歐巴馬總統拒絕更多合成原油運往墨西哥灣，同時抗議墨西哥灣的基斯通（Keystone）輸油管道延伸工程，漢森兩度在白宮前示威抗議被捕，一次是 2011 年八、九月間，一次是 2013 年 2 月 13 日。

當然，漢森為地球請命，也得到不少掌聲與獎項，包括 2006 年登上《時代》雜誌「世界百大影響力人物」，同時獲頒「世界野生生物基金會愛丁堡公爵保育獎章」，以及 2007 年的「丹‧大衛獎」、2008 年的「瑞秋‧卡森獎」、2009 年的「卡爾—古斯塔夫‧羅斯貝獎章」、2010 年的

「挪威蘇菲獎」和「日本旭硝子基金會藍色星球獎」，以及 2016 年的「西班牙 BBVA 基金會知識新領域獎」。

但示威的成果如何呢？漢森說，他不確定西維吉尼亞州的山頂開墾是否已經停止，但肯定會減少。即使如此，在成功推廣碳稅政策之前，政府和企業都不會大規模地轉向潔淨能源，還是會繼續燃煤。即使美國燒得少了，煤炭也會出口到其他國家使用，對大氣的衝擊仍然存在。無論如何，我們都還沒有贏得這場戰爭。

漢森強調，當前重點是盡快改用零排放溫室氣體的電力，必須讓化石燃料的價格誠實反映成本，目前價格並未計入空氣污染、水污染、氣候變遷等，必須讓燃料的真實價格逐漸、穩定地升高，這些費用該在礦坑或進口港向化石燃料公司收取。經濟學家也同意，只有價格誠實反映成本時，經濟會運作得最好。

問題是，石油公司一向專擅遊說，要如何讓他們支付這筆費用？漢森說，政府不喜歡這麼做，因為他們和化石業者是一丘之貉，就這點來說，美國大概是最糟糕的地方，華府變成特殊利益的爛泥，國會議員、選戰資金全部來自捐款，金主用錢買影響力，化石業尤其嚴重，「其實多數國家都一樣。」

聯合國環境規劃署特別針對「全球溫室氣體排放」發布了年度報告，直指 2017 年全球二氧化碳排放量升高至 325 億立方噸，創歷來新高，與減碳目標愈來愈遠。因此呼籲各國，必須正視這個問題並付出行動，才能確保全球升溫幅度低於 2℃。

漢森多年前已預言，若升溫 3℃，北極凍原將出現森林、全球多數沿岸城市將被海水淹沒；政府間氣候變化專門委員會（IPCC）前主任勞勃・華生（Robert Watson）則認為，升溫 4℃，歐洲將陷入永恆的乾旱，中國大陸、印度和孟加拉大片國土將成沙漠；升溫 5℃，人類文明恐面臨滅絕。這些數字和迫在眉睫的末日景象，讓有識之士惴惴不安。

詹姆士‧漢森博士參訪唐獎教育基金會時，留下得獎感言。

中央大學設置「大師座椅」，上有解說牌簡介詹姆士・漢森博士，並於舉辦「大師論壇」當天，請漢森博士在椅上簽名，邀漢森博士伉儷入座，拍照留念。

主要經歷

1985—2013	哥倫比亞大學地球與環境科學系客座教授
1981—2013	美國國家航空暨太空總署哥達太空研究所所長
1972—1981	美國國家航空暨太空總署哥達太空研究所行星與氣候專案主任

獎項與榮譽

2016	西班牙BBVA基金會知識新領域獎——氣候變遷
2010	日本旭硝子基金會藍色星球獎
2010	挪威蘇菲獎——環境與永續發展獎項
2009	美國氣象學會卡爾—古斯塔夫・羅斯貝獎章
2008	奧杜邦學會瑞秋・卡森獎——對科學的誠信
2007	丹・大衛獎——於能源探索上傑出的成就與影響
2006	登上《時代雜誌》世界百大影響力人物
2006	世界野生生物基金會愛丁堡公爵保育獎章
2001	美國地球物理聯盟羅傑・雷維爾獎章
1996	獲選美國國家科學院院士

漢森的孫女蘇菲（Sophie Kivlehan）從小就跟著阿公漢森上街頭，耳濡目染下，對當前環境同樣憂心忡忡，也具有行動力。她如今成了漢森的「革命」夥伴，結合其餘 20 位年齡介於 10 歲到 21 歲的年輕人，共同對美國聯邦政府提起訴訟，指控政府未預防危險的氣候變遷，侵犯到他們由憲法保障的生存、自由和財產權。

2017 年聯合國在德國波昂舉行氣候變遷大會（COP23）期間，漢森祖孫倆一同參加了一場記者會，蘇菲對來自世界各地的記者解釋，他們代表未來世代控訴美國政府未能負責任地保護地球，危害未來世代。被告包括總統川普及前總統歐巴馬。

這是劃時代的環保行動，漢森正是這群年輕人的重要倚靠。

也是為了孫女，漢森撰寫自傳性質書籍《蘇菲的星球》（*Sophie's Planet: A Search for Truth About Our Remarkable Home Planet and Its Future*）。「親愛的蘇菲，」這是這位世界頂尖氣候科學家於新書每一篇章的開頭。

這本書是一位預見地球危機的老爺爺，向這一代的年輕人保證，「讓地球存活，還是有可能的」。漢森解釋，新書既談政策，也談行動，「也會談論帝王斑蝶，即蘇菲最愛的蝶類，若情況不改，帝王斑蝶將是世紀末滅絕的物種之一。但是，我們當然要確保帝王斑蝶有權在地球上生存並繁衍下去。」

漢森要告訴許多像蘇菲一樣的年輕人，要保持樂觀，也必須戰鬥，這戰鬥既是個人的，也是政治的。

參考資料

• Jeff Biggers (2012), "Mourning Keeper of the Mountains Larry Gibson, and the Appalachians He Defended," HUFFPOST. Retrieved from https://

www.huffingtonpost.com/jeff-biggers/thousands-mourn-larry-gibson_b_1869435.html

- Danny Bloom (2018), "Sophie's choice in 'Sophie's Planet,' a series of letters by grandfather," THE TIMES OF ISRAEL. Retrieved from https://blogs.timesofisrael.com/sophies-choice-in-sophies-planet-a-series-of-letters-by-grandfather-james-hansen/

- Justin Gillis (2013), "Climate Maverick to Retire From NASA," The New York Times. Retrieved from https://www.nytimes.com/2013/04/02/science/james-e-hansen-retiring-from-nasa-to-fight-global-warming.html

- Justin Gillis (2018), "A Prophet of Doom Was Right About the Climate," The New York Times. Retrieved from https://www.nytimes.com/2018/06/23/opinion/sunday/james-e-hansen-climate-global-warming.html

- James Hansen (2017), "Young People's Burden: Averting Climate Disaster," Climates Secience,Awareness and Solutions. Retrieved from http://csas.ei.columbia.edu/2017/11/06/young-peoples-burden-averting-climate-disaster/

- James Hansen (2019), *Sophie's Planet*: *A Search for Truth About Our Remarkable Home Planet and Its Future*. Bloomsbury Pub Plc USA.

- Alexander C. Kaufman (2017), "Kids Suing Trump Over Climate Change

Get A Boost From Grandpa," HUFFPOST. Retrieved from https://www.huffingtonpost.com/entry/james-hansen-kids-climate-lawsuit_us_596e6a96e4b0a03aba859561

- Tanya Lewis (2013), "NASA Climate Scientist James Hansen Quits to Fight Global Warming," LIVE SCIENCE. Retrieved from https://www.livescience.com/28359-nasa-climate-scientist-hansen-quits.html

- Oliver Milman (2018), "Ex-Nasa scientist: 30 years on, world is failing 'miserably' to address climate change," The Guardian. Retrieved from https://www.theguardian.com/environment/2018/jun/19/james-hansen-nasa-scientist-climate-change-warning

- John Schwartz (2018), "Young People Are Suing the Trump Administration Over Climate Change. She's Their Lawyer," The New York Times. Retrieved from https://nyti.ms/2Ap8dXY

- 尹俊傑（2018），〈漢森獲唐獎永續獎　研究寫作增添動力〉，中央社。檢自 http://www.cna.com.tw/news/ahel/201806200076-1.aspx

- 余曉涵（2018），〈唐獎永續發展獎　兩學者獲獎〉，中央社。檢自 http://www.cna.com.tw/news/ahel/201806200076-1.aspx

- 唐獎，〈唐獎得主，永續發展獎，詹姆士・漢森〉。檢自 http://www.tang-prize.org/owner_detail.php?cat=10&id=986

詹姆士・漢森專訪

提高徵收碳稅，平均分配給合法公民

Q 首先，感謝你為地球所做的一切。2018 年 6 月，有一篇《紐約時報》的文章將你描述為「毀滅的先知（a Prophet of Doom）」，請問你喜歡這個頭銜嗎？

A 我顯然不喜歡那個頭銜。我們所關注的事實，是為這個星球開闢一條不同的道路，並且減緩全球暖化，最終讓地球降溫。關注的是拯救，不是毀滅。

實際上，如果價格誠實（真實反映能源使用前與後的成本），經濟就會更有效率。我們需要核算使用化石燃料所付出的社會成本，如果實際對碳徵稅，除了清理大氣層、產生更清潔的環境和解決氣候暖化的問題之外，在經濟上也是合理的，沒有理由不去做。但我們至今沒有任何行動。

如果我們認真做有意義的事情，那麼地球就不會毀滅。

Q 你多年前就有這個看法？

A 如果繼續沿著原有道路前進，就是在製造厄運，衝向毀滅。我們需要

擺脫這條道路，我仍然樂觀認為我們可以做到，但必須加快腳步。目前大自然的延遲性質可能會放大最終的回饋，這就是數學家所說的「非線性系統」（可能會導致混沌、不可預測），最終可能得到一個崩潰性結果。

有些事情發生了，冰河在地球上融化，氣候變遷是真實的，但由於這種延遲的反應，大眾仍然無法完全理解問題的嚴重程度。科學在有效溝通問題和解決方案上，做得並不是很好。化石燃料是地球上最大的產業，對那些大量投資化石燃料的人來說，改變是痛苦的，他們花了很多錢去「干擾」政治權力，金錢讓民主變得無能，因為金錢介入，民主的運作不是反映人民的需求，而是反映金錢的流向。

Q 最初是什麼原因讓你進入氣候變遷這個領域，有特殊的事件或人物因緣嗎？

A 在我科學生涯的第一個 10 年裡，我研究行星大氣，尤其是金星。我設計的實驗方案獲選，被帶去金星上進行「先鋒任務」，這是一個直徑 1.4 英寸的小型望遠鏡，一個很好的實驗。

但讓我對地球更感興趣的，是一位非常年輕且精力充沛的科學家，名叫翁玉林。他是我在哈佛大學的博士後研究員。翁玉林確信人類活動導致一些氣體的增加，如甲烷和一氧化二氮。這個想法尚未得到證實，但很有說服力。我們已經知道二氧化碳正在增加、氟氯碳化合物也正在增加。他是化學家，想知道這些氣體對氣候的影響，我和他一起研究。

（編按：翁玉林為第 28 屆中央研究院數理科學組院士。）

我意識到，地球是一個比金星更有趣的行星，因為它持續改變，且我們生活在這個星球上。接著我辭去了金星實驗的首席調查員職務，開

始全職研究地球暖化，試圖建立一個氣候模型，以便了解甲烷和一氧
化二氮、二氧化碳和其他氣體的影響。這是我職業生涯中的一個轉捩
點。

Q 30 年前，你在美國國會聽證會上宣布全球暖化已經發生了。這個說法
是個警鐘，影響化石業，請問你曾受到業界攻擊嗎？能談談聽證會期
間發生的事嗎？

A 當時並沒有來自業界的攻擊，這很有趣。

我在 1988 年 6 月 23 日向美國參議院作證。那天上午，美國國家航空
暨太空總署（NASA）總部召開一次會議，專案經理希望討論一項關於
氣候變遷檢測的計畫。

在會議室，這位專案經理說：「沒有一位受人尊敬的科學家會說，人
類對氣候的影響已經發生卻檢測不到。」那天我還在為聽證會寫口頭
陳述，我抬起頭說：「我不知道他是否受人尊敬，但我倒知道有一位
科學家會這麼說！」他呆了幾秒鐘，其他科學家看著我，然後會議繼
續進行。

這很有趣，反對我觀點的人是其他科學家，而不是化石燃料業者。其
他科學家認為我說得太早了。科學家是非常保守的，他們希望事情得
到證實，有非常確定的證據。但我的基礎是物理學以及地球實況，這
是無法否認的。

當時，我們使用氣象站整合了全球溫度紀錄，可以看出 1988 年是歷史
上最溫暖的一年。我們還有一個已經運作了近十年的氣候模型，針對
從 20 世紀 50 年代到現在，再到未來進行的模擬。基於簡單的物理學
及對現實世界的觀察，我有充分理由相信，大氣中的雜質氣體愈多，
就會產生升溫效果。我在 1989 年 5 月 8 日再次到國會作證，之後其他

不同意我主張的科學家也開始組織大型研討會、工作坊。

這為期一週的會議，時間在 1989 年初。會議結束後的一週，《科學》（Science）雜誌發表了一篇三頁的文章，標題是：「漢森 vs. 世界」。出席會議的所有其他科學家都批評了我的證詞。那時科學界都不同意我的觀點，但幾年後就都改觀了。

在我到國會作證四年後，1992 年，《聯合國氣候變遷綱要公約》就獲得了不錯的共識。

Q 那時你就像一匹孤獨的狼，會覺得寂寞嗎？

A 我不是很擅長溝通，所以聽證會後，我不想浪費時間回應所有的批評，正如我告訴《科學》這篇長文的作者理查·凱爾（Richard Kerr）的：「我可以理解一些科學家的不同意，他們沒有辦法證明誰是對的，所以必須等待幾年，直到所有證據更明確。」

對於一些科學家來說，當一個人站起來並用簡單的英語說出「發現」，就是一種震驚。

Q 30 年過去了。那時你提出的警告和恐懼，哪些已經減弱、哪些更嚴重？

A 比對我在 1981 年和 1987 年提出的論文，這個世界後續發生的事情朝著同一個方向前進，就溫室氣體而言，暖化與我們預測一致。

我在國會的證詞，提出三種不同程度假設下會發生的情況，採最高、最低及中間預測值，觀察各會發生什麼結果。如今看來，地球的變化與我們預測的中間值場景很類似，世界的變化完全遵循我們當年的預測。

有人說，它沒有變得更糟。從冬天到夏天，氣溫變化很大，這似乎是

常識，何況地球上不只一個地方的溫差變化很大。那為什麼要關心少少幾度的暖化呢？事實證明，正如我們所理解的，長時間的暖化會導致海平面上升一公尺多。

當然，世界上幾乎一半的主要城市都在高緯度、相對寒冷的區域，溫度只上升攝氏幾度，人們不會感覺很不舒服；但對低緯度地區的人民來說，升溫會讓日子變得非常不舒服。熱帶地區幾乎全年都是夏天，臺灣位處熱帶和亞熱帶中間，對嗎？對原本就溫暖的季節，如果加上暖化效果，氣溫會變得令人非常不舒服。這將導致「氣候難民」不得不離開難以生存的熱帶故土。

Q 氣候變遷對我們的未來相當重要，要怎樣才能讓更多年輕人參與此事呢？聽說你有一些計畫？

A 很遺憾，過去這幾個月裡，支持我的組織「氣候科學、覺醒和解決方案（Climate Science, Awareness and Solutions）」的四、五位主要資金支持者中，有兩人過世了，包括 2017 年捐助我半數經費的捐款者，他的孩子對這個計畫並不感興趣。幸好，現在我獲得這個獎項（唐獎），獎金給了我機會完成一本書。

Q 可否簡介新書的內容？

A 《蘇菲的星球》的故事發生在美國，內容是四名年輕人不僅試圖了解氣候變遷的重要性，而且還了解政治權力；他們知道如何使用社交媒體，做得非常有效，不僅僅是社交媒體，還有即時的行動。2008 年，他們設法讓歐巴馬在愛荷華州和其他州的選票擊敗了希拉蕊・柯林頓，贏得黨內初選。

歐巴馬贏得總統大選，部分原因是他說了正確的事情，他說這個星球處於危險之中。他是個聰明人，年輕人認為他會解決這個問題，但他沒有。我的書中提到一點，年輕人需要真正理解這個星球需要什麼，才能開始要求改變；必須知道需要什麼樣的政策，才能去要求它。年輕人有政治影響力，應該能夠影響正在發生的事情。年輕人中的領導者應該能夠理解這一點。我希望這本書能幫助他們，協助他們了解自己需要什麼，不要只相信政治人物。

Q 最近我國針對潔淨能源問題正在大量討論，辯論是要用燃煤或用核能發電。請問你的看法如何？

A 這是很重要的問題，必須考慮所有能源產品，檢視能源生產的總體系。如果不支持核電，那麼必須有足夠的能源儲量；因為再生能源，例如太陽能發電、風力發電，都是間歇性的，所以如何儲存足夠的能源再分配就很重要。

但在思考各種能源方案時，令人驚訝的是，每天有一萬人因全球室外空氣污染而死亡，也就是每年大約 360 多萬人死於空污，這是世界衛生組織的紀錄。主要發生在印度、中國大陸等空氣污染嚴重的國家。臺灣或多或少造成這些污染。

許多人的健康受空污影響，甚至死於空污。我之前演講提到，中國大陸無意間進行了一個實驗：北方的中國人冬季會獲得供暖的免費煤炭，但因此中國北方人的預期壽命減少了五年半。

這個結果若與核電相比，人們更害怕來自核電的低水平輻射，擔心假設發生事故，核電廠可能會釋放輻射使人受害。但是，即使是現有技術中最嚴重的日本福島核災中，有多少人死於福島輻射？這與每天因為化石燃料致死的人數相比，很少。

很難理解為什麼人類如此害怕輻射，而不擔心化石燃料的污染物？我在演講中提到，我們應該讓國家學術界針對不同能源及其對人們的影響進行比較。

有關核能，我們只研究 50 年前的核能技術問題，雖然我們知道如何在未來有更好的核能發展，卻沒有投資發展這些技術。我認為這是一個錯誤。

如果你只有百分之幾的再生能源，而整個國家不能只依靠少許的再生能源，就不應該假設我們將以某種方式轉向 100% 的再生能源，然後用這個應許來保護年輕人的未來，那是令人難以置信的。

Q 你指的再生能源包括太陽能、風力發電，無法供應所有的能源需求？

A 我的穀倉上覆蓋著太陽能板，生產的電量比我們使用的多。我們的電力送進電網，讓公用事業購買這些電，我們就不用支付電費。但這只適用於可再生電力的一小部分。

我們無法 100% 都依靠再生能源，因為再生能源如運行良好，提供約 30% 的需求，然後就會由於它們的間歇性而變得艱難。電網的拓展會變得愈來愈難。我們可能需要一些可靠的基本負載電力和一個乾淨核能的組合，但目前還沒有提出任何替代方案。

解決這個問題的方法是，隨著時間推移而上升的碳定價。企業家可能會想出一些其他的方案，會有動力來節約能源，更有效地利用能源。

如果為碳定價，它們就可以加入競爭。但為什麼不能執行？因為化石燃料業者不希望它發生！他們賄賂政治人物，大多數政治人物都從化石燃料業者獲取資金，這是民主的失敗。

政治應該為公眾而運作；但是，當有金錢介入時，民主被破壞、癱瘓，這對年輕人來說是非常不公平的。那些現在從化石燃料中受益的人，

將後果留給年輕人和後代。

Q 你提議碳稅政策，已經有任何國家或政府採取行動嗎？

A 不幸的是，目前沒有政府以我主張的方式做到這一點。原因是實施碳稅會導致汽油價格及電費上漲，公眾彷彿沒有得到任何東西，只看到漲價了。所以我認為要從化石燃料業者課稅，這筆稅金應該重新分配給大眾。這樣，超過一半的人會帶頭推廣。富裕的人因為他們擁有更大的房屋，並在世界各地飛行而留下碳足跡，而付出較多金錢。但他們可以負擔得起。

Q 這可行嗎？

A 從某種意義上來說，只需要課稅，在國內礦山及進口化石燃料的入境口岸進行，這很容易做到，不會花費太多。只有部分來源需要控管。在分配端，現在只需透過電子方式分配資金，一一分派給人們的銀行帳戶。沒有銀行帳戶的人可以使用現金卡。

一旦讓每個人都參與運作，稅收也在進行，那就是按下啟動鈕。從這個方面來講，在技術上很容易。但實際上，很難吸引政治人物做到。政治人物希望有錢來支持他們的計畫。

在美國，有兩位國會議員推動碳定價，但他們想要從中拿 40% 的資金，用於他們認為重要的計畫。這就是政治人物的想法。

加拿大的不列顛哥倫比亞省徵收碳稅，用這筆錢來減少所得稅。但很多人無法受益，因為他們並未正式受僱，可能是退休或失業，就無法得到碳稅的利益。目前沒有任何國家、省或州以我認為應該運作的方式做到這一點。我不認為在一個民主國家，稅收能收到多高，除非公

眾從中獲益，這是一個非常有利的誘因。

我們可以用一項簡單又公平的方法，來解決氣候變遷所造成的悲劇，就是逐漸對溫室氣體排放者提高徵收碳稅，平均分配給每一位合法公民，政府一毛不取，這樣大多數人拿到的每月分紅，會比他們所付的碳稅高出許多。這項收費和紅利制度，會刺激經濟、帶動改革、創造無數職缺，帶領我們快速迎接一個擁有潔淨能源的未來。

Q 一路行來，你依舊保持樂觀嗎？

A 我很樂觀，因為我看到了年輕人的力量。在上次總統大選的民主黨初選中，受年輕人歡迎的桑德斯幾乎擊敗其他人。七十多歲的桑德斯在全國各地的大學演講，年輕人非常喜歡他，顯示了年輕人有多少力量。正如 2008 年總統大選中選出歐巴馬所展現的，我們希望能夠讓年輕人支持那些真正理解這點的人。

Q 但後來川普勝選了……。

A 這就是為什麼這件事情變得非常急迫。因為在美國，它已經變得如此分裂。在民粹主義領導人主政的其他國家也正在加深社會分裂。這兩方甚至不會互相交談。在我的書中，我主張成立第三方的中間派，以擺脫兩個極端之間的鬥爭。

如今，民主似乎成了一種障礙，一種藩籬。這是因為民主已經因為金錢介入而癱瘓。這需要競選的財務改革，將資金從政治中抽出來，由政府支付競選資金。

我們該做的是讓年輕一代知道，他們必須爭取自己的權益，但到頭來還是需要行政、立法機構做出有意義的行動，因此年輕人必須對政府

施壓。

我們目前的氣候模型預測是從 2021 年開始，屆時希望能選出一位新總統。我希望年輕人能影響政治體系，選出一位真能採取行動的總統，而且要確保是有效的行動。

參考資料

• Justin Gillis (2018), "A Prophet of Doom Was Right About the Climate," The New York Times. Retrieved from https://www.nytimes.com/2018/06/23/opinion/sunday/james-e-hansen-climate-global-warming.html

知識錦囊

碳稅

詹姆士‧漢森博士主張，要解決全球氣候問題，關鍵在於課徵碳稅，如果美國和中國大陸率先採取行動，全世界會逐漸跟進。到底什麼是碳稅？由來如何？哪些國家開徵碳稅？

2015 年聯合國氣候峰會通過《巴黎協議》，確立全球減碳的方向，「碳定價」（Carbon pricing）成了熱門話題。現階段常見的碳定價有三種方式：「碳稅」（Carbon tax）、「碳權交易」（Emission trade）以及「碳補償」（Carbon offset）。其中，課

徵碳稅最為簡單，但施行的阻力也不小。

顧名思義，碳稅就是由政府決定價格，針對溫室氣體排放者徵稅。1990 年代實施的國家以北歐為主，10 年之後，瑞士、日本、墨西哥、加拿大不列顛哥倫比亞省、愛爾蘭也跟進，至今全球約有近 20 個國家或地區開徵碳稅。

在我國，政府訂定 2030 年總溫室氣體排放減量 50%，為達成減碳目標，研議推動能源稅，但仍在討論階段，未有結論。

碳稅的優點在於制度清楚、易懂、價格固定，缺點則是政治的反彈和產業的抗拒。尤其，稅收涉及政治主權和國際貿易，極可能引起國際紛爭。比如，歐盟曾研議自 2012 年起對所有入境的飛機課徵碳稅，即遭到中國大陸、美國的反對而作罷。

全球最早課徵碳稅的瑞典，1990 年至 2016 年的排碳量減少 25%，GDP 卻大幅成長 75%，也因此成了最受碳稅支持者褒揚的典範。

然而，除了一枝獨秀的北歐國家之外，課徵碳稅還是條漫漫長路。2017 年 6 月 1 日，美國總統川普宣布美國將會退出《巴黎協議》，無疑的，這對全球減碳的行動與成效影響甚巨，難怪漢森博士大聲疾呼美國要率先課徵碳稅。

Sustainable Development
is all about youth
& the future of the planet
that they will inherit.

It is wonderful that
Mr. Yin & the Foundation
recognize our responsibility.

James E Hansen
20 September 2018

永續發展攸關著年輕人與地球的未來。尹博士與唐獎
教育基金會能認知到我們的責任，是非常美好的。

詹姆士・漢森
2018年9月20日

維拉布哈德蘭‧拉馬納森
Veerabhadran Ramanathan

獲獎理由

加州大學聖地牙哥分校教授維拉布哈德蘭‧拉馬納森，是第一個提出氟氯碳化合物（CFC）屬於溫室氣體的學者，1987年，國際間簽訂的《蒙特婁公約》，限制了CFC的使用，保護了臭氧層，也使氣候系統受益。拉馬納森並確認大氣黑碳是僅次於二氧化碳而排名第二的溫室氣體，引發聯合國環境規劃署發起「氣候和乾淨空氣聯盟」，希望減少短生命期的氣候污染物，有許多國家加入。

從研究者到倡議家
——維拉布哈德蘭‧拉馬納森

　　在唐獎頒獎典禮上，印度裔美國大氣科學家維拉布哈德蘭‧拉馬納森（Veerabhadran Ramanathan）引述 3,000 年前的一段梵文，作為致詞的結尾：「我的大地之母、我的山川河流，請原諒我踐踏了你！」

　　這段引言指認了拉馬納森的根——古老的印度大陸，也為他獻身一生的科學最終目的，作了準確的注腳。

　　這位身形看來瘦小、卻有鋼鐵意志的老科學家，傾畢生心力，以科學研究、奔走呼籲及草根教育，喚起世人對氣候變遷的關切。他向大地之母請命，期扭轉人類自毀的末日命運。

　　他組織跨國研究，讓世界注意到穹頂之上污染微粒形成的「褐雲」，已造成乾旱及糧食歉收。拉馬納森更走出實驗室與研究會，把握每一個機會，向有決策權力者遊說。

　　拉馬納森長期投入氣候變遷和全球暖化的研究、倡議，為他贏得無數榮耀，除了「唐獎永續發展獎」，還有「美國國家科學與環境理事會終生成就獎」、「西班牙 BBVA 基金會知識新領域獎——氣候變遷」、「美國聖地牙哥亞裔傳統學會亞裔傳統獎——科學技術研究獎項」、「南加州大學泰勒環境成就獎」、「美國氣象學會卡爾—古斯塔夫‧羅斯貝獎章」，以及「瑞典 Volvo 環境獎」。此外，他還獲選「宗座科學院理事會會員」、

「瑞典皇家科學院院士」、「美國國家科學院院士」、「歐洲科學院外籍院士」等榮譽。

2013 年，聯合國環境規劃署頒贈拉馬納森「地球鬥士獎」，表彰他對減少黑碳排放、有效減緩氣候變遷的研究貢獻。如今，他將這個獎座轉贈唐獎教育基金會永久收藏。

◎ 出生在汽車工業城

成長於印度的拉馬納森，原本只想到美國實現「開好車，享受好生活」的美國夢；卻陰錯陽差踏入大氣研究。這條人生的岔路，召喚出他內心的使命，讓他把捍衛地球視為天職。「一切都是意外，結果卻很美好。」拉馬納森說。

拉馬納森於 1944 年出生在印度馬德拉斯（Madras，現稱清奈，Chennai），這是印度東南部的一座大型城市，有「印度底特律」之稱。

拉馬納森的父親是汽車輪胎推銷員，經常帶著漂亮廣告小冊子回家，小冊子印著漂亮的美國車；和許多印度人一樣，小男孩夢想著到美國追尋更好的生活。

「我要去美國，擁有一輛車，享受美好的美國生活。我腦海裡的故事是，流著奶和蜜的應許之地。」

印度幅員遼闊，語言複雜。在馬德拉斯的教育體系裡，拉馬納森在中學以前學的都是當地的方言坦米爾語（Tamil language）。直到 11 歲時，他隨家人搬家到印度第三大城班加羅爾（Bengaluru），他才開始面對美國夢的第一大關卡——他對英文一竅不通。

在以坦米爾語學習的教育環境中，拉馬納森一向是明星學生；但到了英語教學的學校，他成績一落千丈。拉馬納森回憶說：「很快的，我的成績從全班的頂端掉到全班的底層。我聽不懂他們在說什麼，因為都是英

文。」

　　然而，正向思考正是拉馬納森的天賦之一：「我無法聽懂老師講課，必須靠自己搞懂課業，我因此練成對未知領域一無所懼的能力。」

　　拉馬納森在班加羅爾的安那馬賴大學（Annamalai University）主修機械工程，稍後進入印度科學院念研究所，試著建造光學干涉儀。為了避開交通震動，他總在夜間工作。在極艱困的情況下，他建造了一個 Mach–Zehnder 干涉儀。

　　「回想起來，這是一個不可能的任務，但我接受了。花了三年時間，我做出來了！我從此知道，我擅長做別人放棄的事情，也找回了自信心。」拉馬納森笑著說：「這真是個很長的故事啊！」

　　1969 年，拉馬納森在印度獲得工程碩士學位，翌年 1 月到美國紐約州立大學石溪分校繼續攻讀干涉測量學（interferometry）。當時紐約天氣酷寒，位於長島的石溪大雪紛飛。在印度，他從沒見過雪景。看著雪花飄落，他心神馳蕩，知道自己的人生從此將會不同。

　　一週之內，拉馬納森見到他的指導教授羅伯特‧賽斯（Robert Cess）。賽斯很興奮地對跨海而來的新生說：「我不再研究工程了，我要換領域去研究金星和火星！搞清楚行星大氣層（planetary atmospheres），才是未來重要的東西。」

　　拉馬納森脫口而出：「我的天啊！」

　　這可和他的人生計畫完全不同。拉馬納森解釋：「我在印度念工程學，唯一的夢想是到美國取得工程學位，接著在美國通用汽車公司找份工作，買一輛雪佛蘭 Impala 車款，享受美國生活。」這是他從小由父親帶回家的美麗廣告手冊中建構的美好人生藍圖。攻讀博士學位並不在他的人生藍圖內，更別提是遠在天邊的金星和火星了！

　　「但是我的研究經費是跟著指導教授的計畫，他改變研究方向，我也只能急轉彎。」

只想到美國開好車的拉馬納森，一生從未實現買好車的夢想——因為他一到美國就投入全球暖化研究，而知識累積速度大過他的薪水增幅。

賽斯教授後來回憶說：「我猜他從來沒見到原本要研究的干涉儀。」賽斯如今是知名海洋科學研究教授，「我給他的第一個任務是研究金星的大氣層。他的起步非常好，非常有彈性。」

拉馬納森與賽斯教授的第一篇論文就是關於金星，他仍然記得當時的成就感充溢胸膛。拉馬納森說，一年之後就研究發現行星大氣的溫室效應問題，喚起他心中的熱情。「這是我的天職，它在呼喚我！我喜歡這個領域，永不厭倦。」

對行星大氣的研究結果成為拉馬納森的博士論文，他在 1974 年取得紐約州立大學石溪分校的博士學位，接著加入美國國家航空暨太空總署（NASA）在維吉尼亞州蘭利的小型研究群，研究火箭衝破大氣層時對臭氧層的影響。

他在會議中得知國家大氣研究中心（the National Center for Atmospheric Research, NCAR）的馬利歐・馬林那（Mario Molina）與薛伍德・羅蘭（Sherwood Rowland）的研究指出，氟氯碳化合物（CFC）會破壞臭氧層，研究論文發表在《自然雜誌》（*Nature*）。

這個論點引起拉馬納森的興趣。在徵詢過前指導教授賽斯之後，他開始進行氟氯碳化合物（CFC）與碳化物對地球溫室效應影響的比較研究。

經過數月的計算，拉馬納森有了驚人的發現，他的答案改變了 1975 年之前科學界對氣候變遷的看法。「我們一直認為全球暖化問題主要是由二氧化碳引起，」拉馬納森說，研究顯示並非如此；原來氟氯碳化合物是超級溫室氣體，對大氣溫室效應的影響力道是碳化物的 1,000 到 10,000 倍。

拉馬納森於 1975 年發表論文，這是他職業生涯中最重要的論文。從 1900 年到 1975 年的 70 多年裡，科學家認為二氧化碳是唯一改變氣候的

因素，而拉馬納森大聲疾呼：「不！還有其他污染物比二氧化碳更重要。」

「1975 年之前，我本來誰也不是，只是個移民的孩子，是位工程師，沒上過世界頂尖學校，沒有人知道我。從當工程師開始，到研究金星、火星，再研究地球氣候和氟氯碳化合物，開啟了我的學術生涯。」

CFC 在大氣中相對稀少，卻對全球暖化有強烈效果，雖然科學界有不少質疑，但拉馬納森堅信不移。

他放棄了好車夢想，轉向擁抱他的新研究領域，「對我來說，這是個人生轉捩點。科技力量及人類對環境的影響，讓我敬畏。」

拉馬納森的研究打開溫室氣體的潘朵拉盒子，他和其他科學家開始找出各種溫室氣體，包括平流層和對流層臭氧、四氯化碳、甲烷，以及氧化亞氮。

「這使得整個溫室效應及地球暖化的問題更嚴重、更急迫。」他說，他的微量氣體研究帶出氣候與化學物質互動的研究領域。1987 年，由拉馬納森帶領向世界氣象組織報告「建立微量氣體對暖化影響」的重要性。

從 1976 年往後的十餘年間，拉馬納森在位於科羅拉多州博爾德的國家大氣研究中心（NCAR）工作，開發最先進的氣候模型。接著在芝加哥大學教學和研究氣候科學，2007 年，他成為「政府間氣候變化專門委員會」成員，幫助制定聯合國全球暖化報告，該報告證實地球暖化的證據千真萬確，是人類對抗暖化史上的里程碑。

拉馬納森深信地球暖化趨勢會比早期預測的更早發生，而且在他有生之年就會見到可怕的結果。

拉馬納森與氣候學家羅蘭・麥登（Roland Madden）聯手，試圖找出暖化發生的精確日期，研究結果在 1980 年發表，指出暖化將早在 2000 年就可以看到。

2001 年，由全世界一千多位科學家組成的氣候變遷跨政府小組（the Intergovernmental Panel of Climate Change）公布一份報告，證明了拉馬

納森和麥登在 20 年前所預測的結果，人類對地球氣溫的影響已明顯可見。

要研究大氣微粒，拉馬納森的家鄉印度正是理想場域。每年冬天乾季時，印度洋上方總是出現褐雲。褐雲中充滿黑色懸浮粒子，導致減少降雨，讓地球表面變得乾燥；熱帶卻因陽光略阻而降溫。

為理解污染對陽光的影響，拉馬納森與德國大氣化學家保羅‧庫魯岑（Paul Crutzen）在 1995 年聯手設計「印度洋實驗」（the Indian Ocean Experiment, INDOEX）。原本只是一個在一艘船上的小實驗，INDOEX 最終擴展成包含六艘科學船及兩百名來自六個國家的科學家。

「這個理念如火燎原，」拉馬納森說：「它可能是最全面及精緻的實驗，讓我們能直接觀察人類如何影響生態環境。」

1999 年，拉馬納森發表第一篇關於大氣褐雲（Atmospheric Brown Clouds, ABC，又稱大氣棕色雲團）的主要論文，指出空氣污染中的微粒飄浮在大氣中，與雲交互作用後形成大氣褐雲，含有大量的工農業與生活污染帶來的煤煙顆粒、微小金屬顆粒及其他顆粒，對於光線、氣候、冰川、公共健康及經濟發展都產生影響。

從 INDOEX 觀察中，拉馬納森及同儕發現，三公里厚的大氣污染覆蓋在阿拉伯海、孟加拉灣及印度次大陸，影響區域比整個美國面積還要大。

「驚人的是它的量體如此巨大」，拉馬納森說，已到達整個洲的程度。他們稱這個污染雲層為褐雲，會降低 10-15% 的陽光。INDOEX 科學家發現，主要問題是黑碳滯留在霾中的數量。黑碳是因為煤、柴油燃燒及缺乏效率的煮食引起的。

2001 年，聯合國開始了「大氣褐雲」（the Atmospheric Brown Clouds, ABC）研究計畫，由拉馬納森及庫魯岑主持，參與國家包括印度、中國大陸、日本、韓國、泰國及馬爾地夫。

拉馬納森指出，褐雲會造成乾旱有三個原因，第一，褐雲擋住陽光，

維拉布哈德蘭·拉馬納森教授的書架上也展示了重要的照片。

2013年，拉馬納森教授獲得聯合國環境規劃署頒贈「地球鬥士獎」，他將這個獎座轉贈唐獎教育基金會永久收藏。

拉馬納森教授參訪唐獎教育基金會時，與介紹他的卷軸合影。

減少地表的水分蒸發，大氣不再溼潤，降雨也就減少了。

第二，褐雲中的黑碳吸收了陽光，讓大氣增溫，但地表卻因日照減少而降溫，如此一來，氣溫就倒置，原本較溫暖的空氣覆蓋較冷的地表，抑制正常的對流模式，減少降雨。

第三，整個印度洋的效果並不都相同，因為北部比南部接收更多污染，如此北部變得更冷，使季風循環變慢，季風原本會為南亞 13 億人口帶來降雨。

拉馬納森花了一生研究大氣現象，及地球的自我平衡，他並不想坐等悲劇發生。「我希望我們的發現能成為對世人的及時警訊，立刻採取糾正措施。」對於這些研究結果，雖然科學社群認為還需要更多證據。但拉馬納森仍主張，各國應該想辦法降低污染。

在拉馬納森看來，科學社群的質疑並不全然是壞事。「最糟糕的是全然漠視。」他說：「質疑或抗拒是好的，它代表有人注意到你的主張。」任何接下來的討論都有建設性。拉馬納森說，簡單的討論並不會改變南亞的空氣污染，「這是非常複雜的問題，我不認為印度能獨自解決，即使在美國，我們也說無法承受以犧牲經濟的代價來降低溫室氣體。那麼，開發中國家的機會何在？」

政治原本就內建在褐雲難題中。拉馬納森說，大氣褐雲是跨國界又跨洲際的，「我們先看到污染來自美國，跨越大西洋進入歐洲；你們看到污染從東亞跨過太平洋抵達美國。所以，到底誰污染誰？」

拉馬納森承認，在全球暖化研究中很難完全避免政治介入，但他仍然盡力避開。「我一直採取這樣的策略，只說我的研究數據告訴我這樣的結果。有時候，這樣的說法在政治上行不通，但我不能擔心這個。」他也必須應付來自媒體的追問，他知道大部分的研究經費來自納稅人，他們有權知道，而且他認為科學家有義務要對媒體解釋清楚。

2002 年至 2012 年的 11 年間，拉馬納森出任聯合國環境規劃署

（UNEP）大氣褐雲計畫主席。2009 年，他寫出第一篇呼籲，希望採取行動遏制褐雲污染微粒，促成當時美國國務卿希拉蕊‧柯林頓邀請各國組成「氣候與潔淨空氣聯盟」。

根據聯合國環境規劃署報告警示，大氣褐雲已成為新的空氣污染源，逐漸威脅亞非國家的主要大城市，包括中國大陸的北京、上海和深圳、印度的新德里、孟買和加爾各答、巴基斯坦的喀拉蚩、孟加拉的達卡、泰國的曼谷、埃及的開羅、南韓的首爾、伊朗的德黑蘭，以及奈及利亞的拉哥斯。

◎ 遏制全球暖化的倡議家

身為虔誠的印度教徒，拉馬納森對宗教有極大包容性。他主動跨越各種宗教領域，利用宗教對人心的力量，宣揚氣候變遷的嚴重性與永續發展的迫切性。

2015 年，拉馬納森以教宗代表團科學顧問的身分，出席在巴黎舉行的聯合國氣候談判，各國在峰會上商定的減少使用化石燃料的承諾，被譽為遏制全球暖化的轉折點。

自從加入宗座科學院之後，拉馬納森為理解宗教組織影響群眾的力量，主動接觸教宗方濟各、印度教大師馬塔‧阿姆坦達馬尼奇和達賴喇嘛，展開一次次非同尋常的旅程，說服世界各地宗教領袖正視氣候變遷的國際性問題。

拉馬納森說，作為科學家，需要告知宗教領袖有關氣候變遷的嚴重性與減緩全球暖化的迫切性，以便他們在每個教會、猶太教堂、寺廟或清真寺都能夠輾轉傳播。

比如教宗方濟各在 2018 年 6 月召見石油公司負責人，呼籲轉型潔淨能源，不少美國大石油公司負責人參加會議，「我非常高興看到教宗做出

拉馬納森教授參訪唐獎教育基金會時，觀賞唐獎證書的設計。

主要經歷

現職	加州大學聖地牙哥分校應用海洋科學Victor C. Alderson講座教授 加州大學聖地牙哥分校斯克里普斯海洋研究所雲氣、化學與氣候中心主任
2012—2016	聯合國教科文組織印度新德里TERI大學氣候與政策教授
2002—2012	聯合國環境署大氣褐色雲計畫主席
1992—2014	印度塔塔能源研究所美國分所董事
1986—1990	美國芝加哥大學地球物理學系教授
1982—1986	美國國家大氣研究中心資深科學家

獎項與榮譽

2016	美國國家科學與環境理事會終生成就獎
2015	西班牙BBVA基金會知識新領域獎——氣候變遷
2014	美國聖地牙哥亞裔傳統學會亞裔傳統獎——科學技術研究獎項
2012	獲選宗座科學院理事會會員
2011	獲選瑞典皇家科學院院士
2009	南加州大學泰勒環境成就獎
2002	美國氣象學會卡爾—古斯塔夫·羅斯貝獎章
2002	獲選美國國家科學院院士
1997	瑞典Volvo環境獎
1995	獲選歐洲科學院外籍院士

這樣的呼籲。我們必須與石油公司負責人對話，讓他們了解問題的嚴重性，他們不斷開採石油，使得地球上 30 億窮人受害，他們要為地球的未來負起責任，朝向潔淨能源轉型。」

隨著愈來愈深入倡議的領域，拉馬納森除了和宗教領袖密集接觸，更學習到如何駕馭媒體、說服立法者和科學家同袍，甚至透過各種學術交流的場合和年輕人對話，大力宣導氣候變遷和全球暖化的議題。

拉馬納森非常重視年輕人的行動力，他規劃一系列草根課程，與各國大學合作，邀請年輕人成為為地球奮鬥的百萬氣候戰士。

他也把握來臺的機會，積極和我國師生學術交流，分享他在家裡裝設太陽能面板，已不用買電的經驗，正面倡導臺灣地區使用太陽能，建議減少使用會產生空氣污染的燃煤。

他說，從美國加州發展零碳能源、實施碳交易制度有相當成果的例子來看，臺灣有充分的陽光，具有發展再生能源的潛力，建議把各種零碳能源解決辦法組成「一籃子方案」，分析利弊得失，最後由民眾來決定。

拉馬納森也喜歡跟年輕人在一起。「唐獎週」期間，主辦單位安排他到臺中參觀綠園道，去看柳川。就在漫步其間的時候，拉馬納森主動聊到我國年輕人與氣候變遷的議題。

他好奇想知道：「你們都在關心些什麼？都在做些什麼？」他鼓勵隨行的年輕人透過各種社會參與，發揮影響力，像是組織團體或者是學會，共同探討氣候變遷的議題。「發出聲音，讓更多人了解它的重要性，讓上面的人（決策者）能夠聽到。」拉馬納森覺得這是年輕人現在最容易切入氣候變遷議題的方式。

「氣候變遷已經非常嚴重了，現在開始行動，還來得及改變災難。」拉馬納森告訴年輕世代：「挺身而出、盡力發聲，讓更多人聽到，並採取行動！」

參考資料

- Patt Morrison (2015), 'Patt Morrison asks Veerabhadran Ramanathan: Climate dealer," Los Angles Times. Retrieved from https://www.latimes.com/opinion/op-ed/la-oe-1202-morrison-ramanathan-20151127-column.html

- Regina Nuzzo (2005), "Biography of Veerabhadran Ramanathan," PNAS. Retrieved from https://www.pnas.org/content/102/15/5323

- 余曉涵（2018），〈唐獎永續發展獎　兩學者獲獎〉，中央社。檢自 http://www.cna.com.tw/news/ahel/201806200076-1.aspx

- 曹宇帆（2018），〈拉馬納森獲永續獎　讚唐獎如東方諾貝爾〉，中央社。檢自 https://www.cna.com.tw/news/ahel/201806180099.aspx

- 唐獎，〈唐獎得主，永續發展獎，維拉布哈德蘭・拉馬納森〉。檢自 http://www.tang-prize.org/owner_detail.php?cat=10&id=987

維拉布哈德蘭‧拉馬納森專訪

氣候變遷將在二、三十年內，
影響數十億人口

Q 你有一個不可思議的職業生涯，成功關鍵是什麼？

A 成功的定義是什麼？我主要的工作是，使用來自衛星的數據來測量並繪製氣候暖化的曲線，從現在起 10 年後，氣溫將上升 1°C 至 1.5°C，氣候變遷引發颶（颱）風、洪水……，地球變得更糟，至少 10 到 20 億人可能受影響。我們需要將那條曲線向下彎曲，那就成功了，可現在曲線的趨勢正在上升，所以還沒有成功。

Q 你進入氣候變遷這個領域，談論氟氯碳化合物（CFC）、氣候變遷。請問影響你最深的人是誰？

A 第一個是我的導師羅伯特‧賽斯（Robert Cess），他是我的工程學教授，他讓我轉換領域，研究火星和金星；第二個影響我的人是保羅‧庫魯岑（Paul Crutzen），他是諾貝爾獎得主，1998 年提出北極地區的汞量上升，他是大氣化學家，而我是大氣物理學家，我們建立夥伴關係，

一起做了很多重要的研究。

1998 年至 2000 年間，我是氣候變遷最重要實驗之一的「印度洋實驗」（INDOEX）首席科學家。我們有六架飛機、兩艘船、衛星，在印度洋上空做實驗，發現大氣褐色雲。保羅‧庫魯岑帶來歐洲專家，我帶來美國和印度專家，有了最全面的計畫來了解污染如何改變氣候。另一個主要人物是荷蘭人列夫，我認為他是個天才。我和他像兄弟一樣親密；我的妻子和他的妻子也非常親密。

Q 聽說有幾件大事，讓你從研究的科學家變成理念的倡議者。請問還記得當時的情況嗎？是怎麼發生的？後續效果如何？

A 2004 年，我滿 60 歲，這年發生三件事，又讓我的生命大躍進。第一件事是，聯合國祕書長潘基文在聯合國組織的一次會議上，安排我和其他科學家與各國高中生對話。那時，我剛完成「印度洋實驗」，非常擔心研究發現的巨大污染。我在演講中提及憂慮。

我回座之後，一名衣索匹亞高中女生拍拍我的肩膀，問道：「拉馬納森教授，您的演講讓我哭了。到目前您為對抗氣候變遷做了什麼？」而我一直認為氣候變遷是科學問題；我的工作不是「做了什麼」，而是「發現現象」！我很慚愧，不知如何回答她。

第二件事是我在印度洋的馬爾地夫測量污染，有一天收到梵蒂岡的電子郵件，開頭就寫「教宗若望‧保祿二世邀請您」，我以為這是垃圾郵件，刪掉。第二天早上，又有類似信件。我好奇打開電子郵件，他們說我獲邀進入梵蒂岡科學院，當時我還沒聽說過這個科學院。

我立即從馬爾地夫飛到梵蒂岡。當時我只帶一件 T 恤，所以我到了羅馬，先買了一套西裝。到現在，我還保留那套西裝。從此，氣候變遷開始進入梵蒂岡的視野。

教宗若望‧保祿二世邀請我加入宗座科學院，在接下來的 10 年當中，我出席並召集梵蒂岡的氣候與環境會議；若望‧保祿二世之後，本篤十六世繼任。我為本篤十六世組織氣候變遷會議，包括山地冰川融化的研究，並開始談論道德問題。我認為，氣候變遷不僅僅是科學問題，而且遠甚於此。

第三件事是「印度洋實驗」。我追蹤黑碳、煤煙的影響，發現大約三分之一的煤煙來自用木頭和煤炭烹飪，受害者都是女性。「這就是我祖母用的東西。」那個年代重男輕女，她會讓我坐在灶旁，裝食物給我吃，之後才餵其他孫女。我記得她每次做飯後，會咳嗽很久；女人為家人做飯，產生的黑碳煤煙，殺死了近四百萬名女性，這讓我很焦慮。

由於前面這三件事，我們在梵蒂岡組織了一次名為「永續人性」的會議，本篤十六世很喜歡，在辯論過程中，我說：「我的責任不僅是找到問題，也要解決問題。」2013 年，本篤十六世辭職，方濟各上任。

2014 年，有一次我在梵蒂岡主持「人類社會如何影響自然環境」的會議，稍早得知，我有機會在教宗方濟各趕往下一場會議、經過停車場時，與教宗「說上兩句」，將我們最在意的氣候危機問題帶到聖座之前。會後，我和與會的 50 位科學家，一起站在停車場等待教宗出現。我努力思索如何將窮盡一生研究的氣候變遷「大哉問」濃縮成兩句？而他們說跟教宗以西班牙文溝通，更容易達到效果，但我對西班牙文一竅不通！我連忙找人幫忙把這「兩句」精華翻譯成西文，但我怎麼也記不住。

不久，一輛小汽車出現，方濟各下車向人群走了過來。「不是什麼豪華名貴大車，而是平凡小車，這正是他被稱為『人民教宗』的原因啊。」當教宗出現在我面前時，臉上掛著慈藹的笑容，我只能用英文勉強把話說完。「當教宗對著你微笑時，你會連自己是誰都忘了！」

事實上，我對教宗說了可不只兩句：「我們有一組來自全世界關心氣候變遷的科學家，確定氣候變遷是千真萬確的，而且愈來愈糟。」

「這會是當代的嚴重問題，因為大部分污染來自最富有的 10 億人，而受害最深的會是全世界最窮的 30 億人。這些窮人只擁有 18 世紀的技術，用煤炭、木柴做飯，卻遭受最嚴重的後果。」

教宗用西班牙語說了些什麼，我不明白。有人翻譯說，聖父問：「我能做些什麼呢？」

我說：「聖父，您已成為世界的道德領袖。所以您應該讓您的子民成為地球的好主人。」

這「兩句話」造成巨大的改變。因為受限於會面時間短暫，我把它當作道德問題，對教宗訴諸道德層次，而「教宗聽進去了」！

我與教宗方濟各的停車場談話，兩週後由教廷科學院潤飾，成為教廷對氣候變遷的聲明，也就是向全世界天主教徒、最有權勢的政要發聲：「如果人類濫用大自然，大自然就會反撲。」

接著教宗發表「通諭」，這是教宗對氣候變遷問題的第一個通諭，說明對於「我們的共同家園」，人類負有道德責任。

通諭是教宗對全球天主教徒的傳達信函，內容有關教義及道德，一般是長篇詳述，以拉丁文公布，但同時有重要的現代語文翻譯。在這篇通諭中，方濟各論及全球暖化、消費主義與污染。

教宗談科學與道德，更論及不平等的經濟、富人和窮人，重點是「少數人獲得所有的財富，卻留下苦難給其他大多數的人。」方濟各說：「大地之母所發出的哭喊，透過窮人的哭聲傳遞出來。」

「大量使用化石燃料，已經嚴重擾動了地球氣候，並且使海洋酸化。」

這份聖諭說道：「暖化與相關的極端氣候將在我們的孩子這一代達到前所未見的程度，全世界最窮人口的四成將受害最重，而全球污染的責任卻不在他們。他們製造的污染最少，卻受害最嚴重。」

「末日預言可能不久就會成真。」方濟各寫著:「我們非常可能留給未來世代一個廢墟。我們當代的生活方式,消費、用過即棄與環境變遷的步調,已使地球的承受力到達極限,注定帶來災禍。」

這是我所聽過對於氣候變遷最令人深思、最有感染力的談話。讓我從1970年代開始的研究,都有了回報。我心想:「天哪,這將會改變全世界!」

Q 是否還有其他後續事件呢?

A 另一件大事是四年前,在 2015 年,加州大學校長珍妮特・納波利塔諾(Janet Napolitano)讓我帶領加州大學柏克萊分校、洛杉磯分校的 50 位頂尖教授,試圖想出解決方案。我們發表了一份名為「彎轉曲線(Bend The Curve)」的報告。那時我們正考慮將曲線導回正軌,藉此找到自然界的解決方案。

在那份報告中,有十個解決方案,分為六個群組。一個是「科學途徑」,探討有什麼需要減少的?二氧化碳、甲烷,還有其他東西?第二個群組稱為「社會轉型」,研究為何技術已經有了,問題卻沒解決?像太陽能,中國大陸已經降低了太陽能的成本;還有風力和核電,但因為領導人和人民不認為這是重要的問題,所以需要社會轉型。另一個群組是「政府」,然後是「市場機制」,例如限額交易、碳稅;還有的是「技術」、「土地使用與管理」等等,「我們應該停止砍伐樹木、燃燒樹木。」

過去四年我一直在工作,發表關於社會轉型的報告,以兩種方式解決社會轉型的問題。首先是教育計畫,藉此教育和訓練我稱之為「氣候戰士」的百萬人,所做的是,將氣候解決方案納入大學部學生的課程。為了讓課程內容適合所有的學生,我和加州 25 位科學家組辦講座,學

生上課前先聽講座，然後在課堂上討論。

我們在加州大學開設這門課程，包含六個校區都開設，我想把這個課程帶到美國的保守州，包括內布拉斯加大學奧馬哈分校、德州的兩所大學，然後是歐洲。這次來貴國，也和臺灣大學、臺南的成功大學討論了這個問題，他們也想要納為課程。

臺灣不大，無法提供很多氣候戰士，但我認為臺灣是進入中國大陸的關鍵切入點，因為你們的文化是一樣的。然後我會慢慢努力進入印度。之後，美國、歐洲、臺灣、中國大陸和印度的學生，加總起來，我們就會有一百萬名氣候戰士。

從現在開始大約 10 年後，氣候變遷將成為主要問題，它將改變至少 1.5℃ 的氣溫，我們會有更多的污染，隨即讓地球升溫 2℃ 至 4℃。10 年後，人們一定會支持解決氣候變遷問題。我們需要訓練有素的年輕人來解決，因為氣候變遷是所有戰爭之母。

第一次、第二次世界大戰影響數百萬、數千萬地球人。氣候變遷將在 20 到 30 年內影響數十億人口，這是人類將面臨的最大問題。如今只有 100 萬敘利亞移民就在德國造成這麼多問題，它改變了政治舞臺。如果臺灣有 100 萬難民怎麼辦？本來已經擁有 2,300 萬人口，大臺北超過 1,000 萬人，其餘的都在附近，如遭受颱風或洪水侵襲，他們將湧向擁擠的城市，所以這是一次社會轉型。

我們正考慮在加州開發一個從幼兒園到 12 年級的課程，稱之為「環境掃盲計畫」，與高中教師合作，計畫從幼兒園開始到 5 年級，讓學生熱愛大自然。先不要告訴他們氣候變遷等等。我們需要他們去愛和尊重自然，6 年級到 9 年級教他們愛和尊重科學、科學方法；從 9 年級到高中再談論環境損害、氣候變遷以及為什麼我們需要解決問題，然後他們會把合適的人送入權力中心，這就是我所說的搖籃。人生是從搖籃到墳墓，我們已經朝墳墓的方向邁進了。因此，我們希望從搖籃開

始教育，這是一場終身的教育。我們要與自然共存，保護自然，而不是濫用自然。

Q 我們能在 10 年內完成這一切嗎？

A 未來那些二十多歲的大學部學生將變成三十幾歲，他們將尋求解決問題之道，但是永續性方面必須開始，必須從幼兒園到 12 年級開始教。這就是關於社會轉型的問題。我嘗試與宗教、科學和政策結盟，這更適用於美國。科學家必須揭露這個問題，但在美國，氣候變遷已經成為民族主義者的問題。事實並非如此，氣候變遷是科學問題、人類問題。我發現在美國談論氣候變遷是不可能的。

所以我想，如果能在教會中討論氣候變遷該有多好，共和黨人和民主黨人都會去同一個教會。因此，利用我與教宗的聯繫，這對我來說是道敞開的大門。最近兩年，我一直在教堂裡進行會談，我發現宗教聚會提供了直接向人們談論氣候變遷的論壇，而不是透過媒體，因為美國的媒體已經分裂。

Q 你說全球暖化是由幾種溫室氣體引起的，科學和政策主要針對二氧化碳。至於其他氣體，大眾似乎並未意識到這一點，請問要如何提高公眾意識？

A 把這些想成「氣候污染」更容易理解，例如二氧化碳，這是自然界就有的。但其他的，我稱之為超級污染物。為什麼？因為這些東西的污染效果是二氧化碳數十到數千倍，氟氯碳化合物是一千倍到一萬倍，甲烷大約 25 倍，用於製冷的氫氟烴（HFC）約一千至兩千倍，來自柴油的黑碳、煤煙，效果約兩千倍。

超級污染物的另一個特點是壽命很短，這是什麼意思呢？舉二氧化碳當例子吧，這裡的二氧化碳是過去 150 年來的累積，停留很長時間，即使將排放量減少到零，二氧化碳仍然存在。再舉黑碳當例子，它的壽命大約只有一週，這意味著，如果減少黑碳排放，在所有柴油車輛中放置特定的過濾器，並為 30 億用柴火烹飪的人提供乾淨燃料，那麼黑碳就會在兩週內消失。如果減少碳量，環境馬上降溫；氫氟烴則需 10 年。所以需要做一些事情來降溫，因為很多人已經身在痛苦之中。例如有很多人受颱風的影響，美國有洪水，加州有森林大火燃燒房屋。所以我們需要迅速降溫，將超級污染物減量。幸運的是，我聽說超級污染物的減量有了進展，五、六年前，希拉蕊讀了我們發表的論文，建立了氣候與乾淨空氣聯盟（CCAC），現在有 67 個國家加入，試圖共同減少超級污染物。

Q 你認為政府應該採取哪些緊急措施？

A 我想討論一下貴國，我非常擔心臺灣的未來。颱風需要溫水提供能量。颱風生成處的水溫高於 28℃。中國大陸、臺灣就在這裡，這裡近赤道，被稱為「西太平洋暖池」。這是所有颱風開始的地方，颱風往北邁進。現在，這些溫水的範圍還在 500 公里之外，如果將海洋加熱 2℃，這種溫暖的水就會往這個方向流過來，貴國的氣象學家和氣候科學家應該關注臺灣的情況，因為臺灣在西太平洋暖池裡面。再來看看風險分析，如果二級、三級或五級颱風出現，將會發生什麼？

（編按：二級、三級或五級颱風，換算颱風強度，分別是中度至強烈颱風。）

最重要的是，在 30 至 40 年內，海平面可能上升兩公尺，貴國有很多值得擔心的事，政府必須保護人民。當我看到貴國回去使用煤炭時，

不禁會擔心：難道大家不會看到所面臨的危險嗎？除了面臨颱風以及愈來愈高溫的問題之外，也得注意海洋生物、魚類的數量，有很多東西都需要研究。在中國大陸，將像加州一樣需要注意對流，對這麼大的國家來說，颱風不是大問題，它不會產生毀滅性的影響，問題將是熱對流和洪水。但一個完整的颱風可以覆蓋整個臺灣，對臺灣是很大的問題，所以現在不是回去使用煤炭的時機點。

Q 我們有核能與煤礦的論戰。政府希望使用綠色能源，但選擇了煤炭。

A 貴國是富裕的國家，可以選擇太陽能和風能。

我為什麼對貴國感興趣？這裡有很棒的億萬富翁，有聰明人、頂尖大學，如果宣布要建立一個新的世界，就可以創造出新的東西。貴國需要「氣候戰士」和創新解決方案，也需要進步，不能為了逃避核能而回去使用煤炭，那是在迴避問題。

整個世界，就像我 10 年前所說的那樣，氣候變遷將是一場災難。每個人都想要解決方案，如果貴國在解決方案上努力，年輕人將幫上大忙，這也是巨大的商機。貴國為了逃避核能，選擇回歸火力發電，這是錯誤的方式，您可以如此引用我的話。現況是，太陽能、風能，或是核能，並不符合成本效益，而煤價便宜，但未來的趨勢是太陽能、風能和核能將帶來商機。從現在起 10 年後，沒有人會想要煤炭，過去的基礎設施將被銷毀。臺灣需要思考未來的前進方向。

Q 唐獎頒獎典禮致詞時，你數度感謝妻子，稱讚她是你重要的精神支柱，若不是她全力支持，你不可能獲得唐獎，請談談你們的相處？

A 當我們剛結婚，還在度蜜月時，妻子就說：「你去研究吧！」此後，

她讓我可以在傍晚和晚上全心全意地工作。

我很幸運娶到好妻子！她聰明又有智慧，她的專業是英語，但了解科學和我的職業。每當有新發現，我都先告訴她，向她解釋。她對我的職業有很大的幫助。她總是說：「不要擔心，做好你的工作。」現在每個人都喜歡我的談話，其實這是她幫我統整的，她非常了解我研究的科學。

當我知悉獲獎的第一時間，立即和妻子分享喜悅，並邀請全家 11 人共同出席唐獎盛會，先由太太和女兒陪我來臺，其餘八位家人隨後前來會合，一起見證這個光榮的時刻。

我在學術研究方面累積的成就，要歸功於妻子無條件的支持，讓我可以無後顧之憂，為全人類福祉尋找解答。

時下許多年輕人不與配偶討論工作，例如妻子不向丈夫說明，或者是丈夫不向妻子說明。對婚姻來說，讓配偶參與是很重要的。我總是忙於工作，如果妻子不了解，我的婚姻一定會崩潰。所以我奉勸年輕朋友：「尋得知心好伴侶，是成功人生的關鍵。」

Q 請談談你的家人？

A 我兒子、媳婦的專業都是心理治療，他們也想跟氣候變遷結合，研究氣候變遷對人類心理面的衝擊，就像常聽到的氣候難民及其身心的影響。而我 10 歲的孫女最近也在製作溫室效應的模型。我每回提及氣候變遷就想到孫子們，畢竟地球的污染不是他們造成的，但他們卻得承受這一切，這也是驅使我工作的最大動力。

參考資料

- The Boom Interview (2015), "Veerabhadran Ramanathan: The Vatican's Man in Paris Is a California Scientist," Boom California. Retrieved from https://boomcalifornia.com/2015/12/02/the-vaticans-man-in-paris-is-a-california-scientist/

- Pope Francis (2015), "Encyclical Letter LAUDATO SI'of the Holy Father Francis: On Care for Our Common Home," THE HOLY SEE. Retrieved from http://w2.vatican.va/content/francesco/en/encyclicals/documents/papa-francesco_20150524_enciclica-laudato-si.html

- Pope Francis (2016), "Message of His Holiness for the Celebration of the World Day of Prayer for the Care of Creation: Show Mercy to our Common Home," THE HOLY SEE. Retrieved from http://w2.vatican.va/content/francesco/en/messages/pont-messages/2016/documents/papa-francesco_20160901_messaggio-giornata-cura-creato.html

- Patt Morrison (2015), 'Patt Morrison asks Veerabhadran Ramanathan: Climate dealer," Los Angles Times. Retrieved from https://www.latimes.com/opinion/op-ed/la-oe-1202-morrison-ramanathan-20151127-column.html

- Regina Nuzzo (2005), "Biography of Veerabhadran Ramanathan," PNAS. Retrieved from https://www.pnas.org/content/102/15/5323

- 余曉涵（2018），〈氟氯碳化物屬於溫室氣體　拉馬納森獲唐獎肯定〉，中央社。檢自 http://www.cna.com.tw/news/ahel/201806200076-1.aspx

知識錦囊

宗座科學院

哦，弱小者的主。
請助我們拯救這世上被拋棄和被遺忘的人。
他們是祢的眼中瑰寶。
請癒合我們的生命，
好讓我們能保護世界，而非從中掠奪，
好讓我們能播種美善，而非污染破壞。

　　以上節錄自「宗座科學院」宣言〈我們的地球，我們的健康以及我們的責任〉，其原文來自教宗方濟各《願祢受讚頌》通諭（中文版——天主教香港教區）。

　　維拉布哈德蘭‧拉馬納森（Veerabhadran Ramanathan）從學者走到倡議家之路，最為人稱道的是，教宗若望‧保祿二世於 2004 年邀請他加入「宗座科學院」，從此，拉馬納森透過宗教的力量，全面宣揚地球永續的理念。

　　以拉馬納森為首的科學家共同執筆寫下宗座科學院宣言〈我

們的地球,我們的健康以及我們的責任〉,梵蒂岡並於 2017 年
11 月 2 日至 4 日,在比奧四世行宮召開工作坊,向全球發布上述
宣言,教宗方濟各並發表通諭《願祢受讚頌》。

宗座科學院是梵蒂岡的科學研究機構,由教宗庇護十一世創
建於 1936 年,目的是促進數學、物理和自然科學的進步和研究。
若干諾貝爾獎得主是宗座科學院的院士,其中的華人科學家有諾
貝爾物理獎得主楊振寧和李政道、化學獎得主李遠哲,以及稻米
專家張德慈等人。

The Tang Prize is a memorable and true inspiration to work for the common good.

We must protect Nature for all future years and all future generations. There are plenty of solutions to solve the climate change problem and society needs the Tang to solve the problem in time. True happiness results when you help others and protect Creation.

V. Ramanathan

September, 20, 2018

　唐獎相當有紀念性，並且對公共利益有真正的啟發性。

　為了我們的未來以及後代，我們必須保護自然界。解決氣候變遷帶來的問題有很多方法，只是社會需要年輕人儘快地解決這些問題。真正快樂的結果是可以助人，同時也保護發明。

維拉布哈德蘭・拉馬納森
2018年9月20日

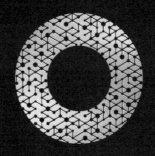

BIOPHARMACEUTICAL SCIENCE

Tony Hunter
Brian Druker
John Mendelsohn

東尼・杭特
布萊恩・德魯克爾
約翰・曼德森

唐獎第三屆生技醫藥獎得主

癌症曾屬絕症，常讓醫師、病患束手無策，但是第三屆唐獎「生技醫藥獎」得主東尼・杭特博士研究發現了蛋白質酪胺酸磷酸化與酪胺酸激酶，揭開了致癌基因與訊息傳導的路徑，為癌症研究的突破帶來曙光。在他的研究基礎上，同為第三屆唐獎生技醫藥獎得主的布萊恩・德魯克爾博士及約翰・曼德森博士深入探索標靶藥物治療領域，徹底改變了治療癌症的方法，開啟了癌症治療研究的新紀元。

前言　開啟癌症治療研究的新紀元

　　早年，癌症治療幾乎是「不可能的任務」，令病患和家屬痛苦不堪，也讓醫師無奈嘆息，直到東尼・杭特（Tony Hunter）博士發現致癌基因與訊息傳導的路徑，才為癌症帶來治療的新方法。在他的研究基礎上，布萊恩・德魯克爾（Brian Druker）博士及約翰・曼德森（John Mendelsohn）博士深入探索標靶藥物治療領域，終於將「不可能」轉化為「可能」，開啟了癌症治療研究的新時代，他們因此共同獲得第三屆唐獎生技醫藥獎。

　　杭特博士出生於英國，他是美國索爾克生物研究所（The Salk Institute，常見譯為沙克研究所）生物學教授，1979 年發現正常細胞轉變為惡性細胞的過程，這個過程稱為「蛋白質酪胺酸的磷酸化」，而吾人對細胞活動如何被調控，才有了全新的認知；後來，許多和生物發育、致病相關的調控機制陸續被發現。

　　杭特並發現酪胺酸激酶（TK）執行酪胺酸的磷酸化，癌細胞的瘋狂生長即肇因於酪胺酸激酶的突變，如果切斷其訊息傳遞路徑，就能抑制癌細胞。此後，杭特和同事巴特・薛弗頓（Bart Sefton）開發出很多抗磷酸酪胺酸的抗體，這是研究癌症訊號和找出酪胺酸激酶抑制劑（TKI）的強力工具。使杭特成為酪胺酸激酶抑制劑的研究鼻祖，並促使另兩位得獎者研發出標靶藥物，對癌症治療極具貢獻。

　　德魯克爾博士是美國奧勒岡健康與科學大學（OHSU）奈特癌症研究所所長，他成功將 imatinib（藥品名基利克 Gleevec）運用於治療慢性骨髓性白血病，把原本必須進行骨髓移植治療的疾病，變成每天吞口服藥就有機會治癒的疾病。Gleevec 使患者存活率從 50% 提高至 90%，被譽為21 世紀最成功的癌症標靶治療藥物。

　　Gleevec 是第一個成功用於 TK 標靶治療的小分子抑制劑，如今已有29 種 TKI 通過臨床實驗而應用於疾病治療。德魯克爾為標靶治療時代吹響了號角，各種標靶藥物至今不斷推陳出新。

　　MD 安德森癌症中心前校長曼德森博士和戈登‧佐藤（Gordon Sato）則採取另一種策略，他們認為用抗體去阻擋細胞的表皮生長因子受體（Epidermal growth factor receptor, EGFR），使受體酪胺酸激酶停止活化，應該是治療癌症的有效方法。EGFR 是受體酪胺酸激酶的原型，位於細胞表面，是驅動細胞生長的主要引擎。在多種癌症中都發現因為它過量或是突變而致癌，如頭頸癌、肺癌、食道癌、乳癌、卵巢癌、膀胱癌及大腸直腸癌等。

　　曼德森團隊進行臨床前研究，開發出抗 EGFR 的抗體 cetuximab，其商品爾必得舒（Erbitux）獲得美國食品藥品監督管理局（FDA）核准用於治療頭頸癌、大腸癌。這是第一個利用抗體抑制受體的 TK 活性的標靶治療方法，現在有許多成功的標靶治療都是針對 EGFR。

　　蛋白質酪胺酸磷酸化與酪胺酸激酶的發現，為之後 40 年的研究播下種子，使世人對於細胞的生長與癌症發生的基礎原理得以透徹了解。酪胺酸激酶標靶治療的開發，徹底改變治療癌症的方法。人們終於敢奢望，有一天癌症終可治癒。

　　中央研究究院院士龔行健比喻得好，他說，如果癌症是一輛失控、橫衝直撞的飛車，杭特首先找到車子引擎的開關；德魯克爾告訴我們啟動器的所在，讓引擎熄火；曼德森則是想出辦法把開關擋住，讓汽車無法發動引擎。

　　龔行健表示，杭特找出了引擎開關，德魯克爾和曼德森使用了不同的方法，都能讓失控的飛車拋錨，也就是讓癌細胞不再危害人體。

　　這三位得獎者對於科學和社會的貢獻之大，無法衡量，他們的成就充分展現傑出基礎研究如何轉化成臨床應用，並造福了全人類。

參考資料

- 唐獎，〈唐獎得主，生技醫藥獎，東尼‧杭特〉，檢自 http://www.tang-prize.org/owner_detail.php?cat=11&id=995
- 陳至中（2018），〈如何讓癌症煞車　唐獎生醫 3 得主各有妙招〉，中央社。檢自 http://www.cna.com.tw/news/ahel/201806200076-1.aspx

東尼・杭特
Tony Hunter

獲獎理由

酪胺酸激酶抑制劑（Tyrosine kinase inhibitor, TKI）是標靶治療的原型，對於癌症治療貢獻卓越。1979年，美國索爾克生物研究所生物學教授東尼・杭特博士首先發現蛋白質酪胺酸可以被磷酸化，亦即正常細胞轉變為惡性細胞的過程；又發現致癌基因Src是一個酪胺酸激酶，使他成為整個酪胺酸激酶抑制劑研究領域的鼻祖，對現今癌症標靶治療的貢獻功不可沒。

跟著感覺走的科學家
——東尼·杭特

東尼·杭特（Tony Hunter）全身上下最引人矚目的，當然是他茂盛且一留 40 年的大鬍子。

「我最可怕的噩夢，就是夢到鬍子不見了。」杭特摸摸下巴的鬍子並說道：「它象徵著好運，好似我的護身符。」

大鬍子也標記了這名來自英國的學者在加州度過的嬉皮歲月。

那是個想像力與創意迸發的年代，在細胞分子的微型世界中，這位大鬍子、前嬉皮科學家找到了通往細胞變異的關鍵祕徑。

偉大的科學家有很多種，有人可能從小立下偉大的志向，而杭特絕不是那種人。他隨遇而安，跟著感覺走，愛情與生活都左右著他的研究職涯。

但天分與運氣，到底是藏不住的。

◎ 激酶之王　癌症研究的「超級明星」

杭特成名甚早。1979 年，他 36 歲，破天荒地發現「蛋白質酪胺酸的磷酸化」與正常細胞轉變成惡性細胞的過程息息相關，成為一系列抗癌藥物的基礎，並由此發展出「酪胺酸激酶抑制劑」（Tyrosine kinase inhibitor, TKI）。

杭特發現，酪胺酸激酶（tyrosine kinase, TK）是一種會執行酪胺酸磷酸化的酶（酵素），目前已知人體中大約有 90 種不同的酪胺酸激酶；有關杭特發現酪胺酸激酶如何引起癌症的機轉，有助於後來 45 項治癌藥物的核准問世，包括治療白血病、肺癌、腎臟癌以及腸胃道癌等，讓他多年來獲得無數獎項，到現在還有許多抗癌療法正在研究中。

「杭特的發現對癌症研究實在太重要了，一點都不誇張。」美國癌症學會的分子基因暨生化計畫主任麥可・美爾納（Michael Melner）形容：「它是根本、美麗的科學發現，為癌症研究展開了全新的視野。」

2008 年，在《細胞生物》期刊（*Journal of Cell Biology*）一篇文章中，杭特被稱為「激酶之王（Kinase King）」；媒體形容他是癌症研究的「超級明星」。2015 年，杭特與同儕發表研究指出，另一種激酶家族「蛋白質激酶 C」，並不會如原本預設的那樣增進癌症，反而可以抑制癌症，又打開了抗癌的另一天地。

如同許多基礎科學研究者，杭特專注於發現癌症的基礎生物機制，其他科學家根據並轉譯他的發現至臨床研究，進而研發新的抗癌療法。

有趣的是，這些偉大成果，都不是他從小立志的方向。「我成為癌症生物學家，不是因為我對治療癌症有著熱切的渴望，而是因為我跟隨的沃爾特・艾克哈特（Walter Eckhart）拿到了尼克森總統『向癌症宣戰』的研究經費。」杭特老實說：「如果不是因為這筆研究經費的話，我想我可能不會踏入癌症研究領域。」

一旦踏入癌症細胞領域，杭特就發現它的迷人之處。「我從此就入迷了。」

似乎就在冥冥之中，上天有了這個美好的安排，癌症研究有了杭特，為世界指出了治癌標靶藥物的研製方向。

◎ 13 歲就走向研究科學之路

　　杭特的父親是英國國民健康署（National Health Service, NHS）的外科醫師，可以想見，醫師父親非常重視兒子的教育學習方向，況且，杭特是個早慧的孩子，不論是人文或科學領域都很傑出，很輕易地就在同齡的孩子中出類拔萃。

　　「家父很早就讓我對生物學感興趣。」杭特說，父親送他上英國頂尖、近 500 年歷史的寄宿學校，即菲爾斯特德學校（Felsted School）。這所歷史名校創立於 1564 年，位於英格蘭中部的艾塞克斯郡，距離倫敦和劍橋都很近，是英倫賢達與權貴孕育之所；學科之外，體育和音樂也都是強項，孕育了多位奧運選手。

　　杭特是這所學校的明星學生。他因為表現傑出，13 歲跳了一級，也因此必須在一週內決定主修希臘、羅馬時期的古典文學或是科學，後來決定主修科學。

　　杭特很了解自己：「不論決定主修什麼，我都開心。很明顯的，我擅長科學，但數學不太好，這是個問題，現在也還是個問題。不過，科學真的很容易，所以我從來沒有質疑過當初的決定。」

　　他也曾想追隨父親的腳步，成為醫師，但這個念頭被父親澆了冷水。「他強烈勸阻我，因為他覺得國民健康署的制度讓真正有才華的醫師得不到應有的待遇。」

　　杭特笑笑說：「我不認為我會成為一名非常好的醫師，我沒有應對人際的技能或必要的同情心。」杭特對自己的性格看得很清楚。認清自己，在每個選擇之前，就不會有太多猶豫；之後回頭再看，也就沒有遺憾了。

　　杭特在菲爾斯特德學校完成英國高中課程（A LEVEL）後，並沒有直接上大學，他解釋，因為跳級之故，「那時我只有 16 歲，我覺得還沒準備好（上大學）。」

「大部分的人都是 18 歲才念大學，那也是可以喝酒的合法年齡。所以我想等到 18 歲可以喝酒了，再上大學，好好享受青春，這也是挺合理的想法。」杭特是個憑著感覺走的人，熱愛生活、極端浪漫，等到能合法喝酒再上大學的特立想法，只是其中一例。

後來，杭特上了劍橋大學，一待就是 10 年，直到拿到博士學位。

在劍橋，杭特於大學部主修自然科學，在最後一年專攻生物化學，這段歷程與訓練對他未來的癌症研究有想不到的助益。

博士研究時，杭特加入艾許・柯納（Asher Korner）的實驗室，那是系上研究分子生物學的實驗室之一。在杭特的博士班中期，柯納接了英國薩塞克斯大學（University of Sussex）生物系主任的位子，杭特決定不跟著去，選擇留在劍橋。

「哈哈，反正沒差，柯納原本就很少管我們，也很少花時間跟我們討論，就是放手讓我們做喜歡的題目。所以，他在不在劍橋，真的沒有太大差別。」杭特解釋，實驗室的每個人都有自己發展的研究計畫，所以老師不在，也沒有太大影響。然而，柯納創造了一個活潑的研究環境，招攬最好的研究生，這點非常重要。

「與我同一時期在那裡的九位學生當中，有四位現在是英國皇家學會（Royal Society）的院士。那真是一群非常傑出的年輕科學家。」

剛萌芽的分子生物學吸引杭特的注意。那是 20 世紀 60 年代中期，遺傳密碼剛被破解，第一批蛋白質結構才開始出現。DNA 的結構也解碼了，如果想要了解細胞或有機體是如何運作的，就必須要了解分子在細胞裡如何發揮作用。

「即使我們那時還是學生，但處在科學研究的最前端，那是一個非常激勵人心的時刻。」杭特用「非常激勵人心」來形容他躬逢其盛的快意。

「在分子生物學實驗室（LMB）裡，各項備受世界矚目的研究正如火如荼進行著。我們研究生是窮跟班，只要參加討論會，那裡的厲害名人，

比如弗雷德·桑格（Fred Sanger）、悉尼·布倫納（Sydney Brenner）和馬克斯·佩魯茲（Max Perutz），都會來給我們講課，真的很棒！」

在劍橋的日子十分順遂，杭特得到一個獨立研究的機會，25 歲就有自己的小研究室；其中有位同事提姆·亨特（Tim Hunt），於研究所時期和杭特是共用實驗桌的夥伴，研究領域是細胞週期，後來他在 2001 年得到諾貝爾醫學獎。「能和一群優秀的人一起做研究，這對剛起步的我真的很重要。」

◎ 愛情來了　杭特「婦唱夫隨」

然後，愛情來敲門了。

「你知道劍橋整個環境都很棒，我做了四年研究，原本打算待更久；但是，我和一個英國女孩結婚了！」跟著愛情走，是杭特當下的抉擇，很浪漫也很嬉皮。

琵琶·馬瑞克（Pippa Marrack），也是 LMB 的研究生，比杭特晚個幾年的學妹。「她原本是我在劍橋帶的研究生學妹，跟著我做了幾年實驗。」杭特是個非常直率的人，樂意分享生活與愛情，毫無芥蒂。

兩人結婚後，她想去美國加州大學聖地牙哥分校，跟隨迪克·達頓（Dick Dutton）做博士後研究。杭特決定愛相隨，跟著妻子腳步前往聖地牙哥，即使所有付出必須連根拔起、從頭來過，也在所不惜。

於是，位於聖地牙哥附近拉霍亞（La Jolla）的索爾克生物研究所（Salk Institute，常見譯為沙克研究所）就成了杭特研究生涯的下一站。

「很顯然，我們必得黏在一起。我可以在劍橋工作，但基於我們感情的長久之計，我必須在拉霍亞找份差事。那時，曾和提姆·亨特一起合作研究的免疫學家艾倫·孟若（Alan Munro）正在拉霍亞的索爾克生物研究所休長假，他回到索爾克研究所，建議我可以過去跟著沃爾特·艾克哈特

（Walter Eckhart）工作。」

沃爾特·艾克哈特是索爾克生物研究所的新研究員，研究多瘤病毒（polyomavirus），這是一種雙鏈 DNA 病毒，這類病毒會造成腫瘤，其中有些種類會感染人的呼吸系統、腎臟或腦部。

杭特想：「嘿！聽起來不錯喔。很有趣的主題，可以先做幾年再回劍橋。」所以，他和沃爾特·艾克哈特在倫敦碰面，兩人相談甚歡，杭特獲邀成為實驗室的一員。1971 年，杭特與妻子馬瑞克到了聖地牙哥，展開研究新頁。

同年 10 月，杭特抵達拉霍亞，開始在艾克哈特實驗室工作。從英國劍橋搬家到加州，脫離了英式拘謹，杭特很快就適應了加州快意自在的生活方式，他真的成了嬉皮。

1972 年，實驗室有個熱中泛舟的研究生，邀杭特一起挑戰大峽谷（Grand Canyon），在科羅拉多河（Colorado River）泛舟。杭特說，那年的 6 月 22 日，他走進大峽谷，在溪谷露營、河上行舟，好一陣子沒刮鬍子；之後就索性不刮了，任憑它長，下巴再也沒見過天日。

「長髮加上大鬍子，我在那個年代的裝扮真的很嬉皮風。」他比著肚子說：「曾經有段時間，鬍子長到這裡」。如今只是蓋滿下巴而已，杭特非常寶貝他的美鬍，每天清洗，拿梳子整理，隔幾個月再稍稍修剪，「這鬍子就是幸運的象徵。」杭特總是堅信地這麼說。

想念劍橋嗎？杭特說，待了 10 年的劍橋十分高雅：傳統建築、很多正式場合、華麗的食堂、在高腳餐桌上吃飯，以及遵照傳統的學術生活。但加州的生活方式讓人可以輕鬆，「一切都很自由簡單，你可以用自己想要的方式生活。」

此外，加州有大川、沙漠和高山，這是劍橋沒有的，不只因為索爾克生物研究所是很適合做科學研究的地方，也因為他真的愛上了加州的生活方式。

在這裡，杭特與艾克哈特實驗室的博士後研究合作，寫出大量的論文，在 DNA 複製的試管模型中，建立了多瘤病毒 DNA 合成過程（setting up polyoma virus DNA synthesis as an in vitro model for DNA replication）。

「我們嘗試要多了解並研究病毒 DNA 如何自主複製，花了兩年時間，過程很快樂。」

但，婚姻卻觸了礁。

馬瑞克和他離婚，他決定回到劍橋。這時是杭特生命的低谷。

六個月後，杭特回到劍橋，但後來實驗室在火災中燒光了。他說，失火原因至今不明，很可能是乙醚引起的。這真的很糟糕，大部分的研究成果全沒了，好在液態氮筒保留了所有重要的生物製劑（precious biologicals survived）。

「我們成了遊民！幸好，大學有棟新蓋好的建築，就在 LMB 對面，有一整層空出來給我們，我們在六週之內重新開張，又是個生龍活虎的研究室！」

馬克斯‧佩魯茲是 LMB 主任，慷慨提供杭特與同事能在 LMB 食堂搭伙的權利。這食堂非常有名，每個人都得坐在桌前用餐，而且不得與同一研究室的同僚同桌，好增進跨領域的討論。杭特說，好運氣再度降臨，他與同桌的另一組研究人員因而搭上了線，一起合作研究菸草鑲嵌病毒（Tobacco mosaic virus, TMV），那是一種專門感染植物 RNA 的病毒，尤其是菸草及其他茄科植物，後來有了非常好的成果。

雖然杭特回到劍橋生物化學研究所，重拾已經研究了六年的蛋白質合成，並開始找英國多個機構的教職，但運氣不好，那時沒有任何機構願意收他。

◎ 發現酪胺酸磷酸化　　出於偶然的意外

加州再度成為他的救贖之地。

在杭特離開美國索爾克生物研究所之前，艾克哈特曾經提供一個職位要他考慮，但當時為愛心碎的杭特選擇回到劍橋。等杭特一籌莫展了，再回頭找老友，艾克哈特告訴他，那個職缺還在。所以，1975 年 2 月，杭特又回到美國，正式成為索爾克生物研究所助理教授，獨立主持一個實驗室，「恰好跟當初我於博士後待的實驗室同一層樓。」

杭特對他在英國、美國之間的「折返跑」樂觀以對。「那時，我對正常細胞病變轉變成為癌細胞的議題很有興趣，但要研究相關議題，必須對病毒生成蛋白質等學科非常了解，而在劍橋，我學到了新技術。」

回到索爾克生物研究所之後，杭特又開始研究多瘤病毒（Polyomavirus），那時已經知道一種蛋白質叫「中 T 抗原」（middle T antigen），當病毒感染細胞時，抗原會立即表現。

在當時，科學界僅知兩種胺基酸有磷酸化（Phosphorylation）的現象，即蘇胺酸（threonine）與絲胺酸（serine）。磷酸化意指「在分子上加上磷酸根（PO_3^{2-}）」，這個作用在生物化學中有很大的效用，可能會造成截然不同的訊息傳遞（signaling），甚或大幅影響原有蛋白質的功能。

杭特在科學上的主要貢獻，在於他研究會引發癌症的多瘤病毒的蛋白激酶（protein kinase）時，誤打誤撞發現其作用是讓第三種胺基酸酪胺酸（tyrosine）磷酸化；在後續的實驗中，更進一步證實了多瘤病毒與勞斯肉瘤病毒（Rous sarcoma virus）致癌的轉化蛋白都是酪胺酸激酶，這個發現暗示了失控的酪胺酸磷酸化機制是癌症起源的關鍵，更進一步成為現今研發標靶藥物的濫觴。

但為什麼其他科學家沒能更早發現酪胺酸磷酸化呢？

以杭特自己的話形容，他的破天荒發現，實在是出於偶然，因為進行

實驗之前,他「懶得去換新的緩衝液」。假如緩衝液換新,它的 pH 值將會是 1.9,當時所有的人都不知道這個酸鹼度並不能在薄層電泳的過程中,將磷酸酪胺酸和磷酸蘇胺酸分開。

但是,杭特在實驗中使用了舊緩衝液,它的 pH 值在無意之中已降到 1.7,這個 pH 值會使磷酸酪胺酸和磷酸蘇胺酸分開。這個結果是意外的產物。杭特把這個重大發現歸功於他的懶。

發現酪胺酸是被多瘤病毒激酶給磷酸化的胺基酸之後,杭特與同事巴特・薛弗頓(Bart Sefton)還證明了,蛋白質酪胺酸激酶在其他關鍵的細胞活動中扮演重要角色。

細胞轉化及癌化的過程中,蛋白質酪胺酸激酶的角色,帶來了深具潛力的癌症治療發展路徑,也就是發展針對某種蛋白質酪胺酸激酶的標靶化治療。例如,Gleevec 藥物抑制了某一種酪胺酸激酶,已被美國 FDA(美國食品藥品監督管理局)核准治療慢性白血病以及其他數種腸胃道腫瘤。

杭特回憶:「這是個奇妙旅程。」1971 年來到索爾克生物研究所時,他還是個菜鳥,還在做博士後研究;索爾克生物研究所建築物才蓋好五年,全部研究員才 15 人。

一路走來,他兩度來到索爾克生物研究所工作,最初研究腫瘤病毒,做為研究癌症細胞的開端,之後回到劍橋,重拾蛋白質合成的研究,並習得了新技術,又到索爾克生物研究所,試著透過研究,識別多瘤病毒中會導致正常細胞轉變為癌症細胞的蛋白質。

二度回到索爾克生物研究所,杭特在此遇見真愛。有趣的是,她也是英國人!

「第二任妻子珍妮(Jenny),從英國布里斯托大學主修植物學及動物學後,大約 1974 年在劍橋大學工作,我們並沒有在劍橋相遇。她曾在諾貝爾醫學獎得主約翰・格登(John Gurdon)的分子生物研究室工作,後來到加州的約翰・霍普金斯大學海洋研究站研究海膽,1978 年再到索

爾克生物研究所，她的研究室剛好和我的在同一層樓，此時，我擔任助理教授。」杭特娓娓道來這段情緣。

總之，兩人相遇了。儘管都是英國人，卻隔了大半個地球在拉霍亞相遇，「我們於 1979 年開始交往，1992 年才結婚。啊！好久之前的事了。」杭特陷入回憶，並輕聲感嘆著。

◎ 經費愈來愈少　憂心基礎研究的未來

1943 年出生，現年 76 歲的杭特說，他現在已是科學界的「資深公民（senior citizen）」了，他希望索爾克生物研究所能繼續生產創新科學研究。「但我很憂慮，研究經費是個大問題。像索爾克生物研究所這樣的基礎研究機構是否還有長遠的未來？」

即使已經站在成就的峰頂，大師總是看得比旁人遠，他為年輕後輩及基礎科學研究的未來感到憂心，想為後人闢條路，但取得政府研究經費愈來愈難，而公家預算是生物藥學研究的最大單一資金來源。

基礎科學是成功科技發展的種子，但要獲得成果必須要有足夠的耐心，像是杭特的研究就能帶來藥物的突破進展。私人慈善基金也可資助基礎研究，但他們大半更樂於捐款給醫院或應用科學，因為這樣做比較能夠看到立即的效果。

杭特從事基礎科學的生涯夠長久，以至於他早年的研究果實能夠使病人受益，這是他的幸運，也是世人的幸運。他希望更多年輕科學家都能享有這樣的機會，更何況，抗癌任務尚未結束，新的研究應該會不斷展開。

杭特持續積極研究，近年連獲各種國際獎項的肯定。「我計畫使用唐獎獎金來成立索爾克生物研究所的博士後學術獎金。在研究機構裡有獎勵最佳人員的學術獎金，讓彼此互相競爭是非常重要的事。」

杭特的長子尚恩（Sean）跟隨他的腳步，在加州大學洛杉磯分校

東尼‧杭特博士在他的實驗室中悠然自得。

東尼‧杭特博士出席歡迎酒會，發表感言。

杭特博士於唐獎教育基金會中親筆簽名留念。

（UCLA）攻讀生物化學後，現於史丹佛大學（Stanford University）生化工程研究所的癌症生物計畫中，與知名學者合作，「主要在利用生化工程的方法，製造能夠辨認分泌蛋白的拮抗蛋白。」杭特解釋。

在史丹佛聽到腫瘤學者法蘭克‧麥考密克（Frank McCormick）演說後，尚恩打電話問爸爸：「你覺得研究白血病抑制因子（LIF）怎麼樣？聽說它和胰臟癌有關，如果試著製作能夠辨認並且中和 LIF 作用的拮抗蛋白，會不會是一個好計畫？」杭特說：「我覺得這是個好計畫，我也在做這個。」

拮抗蛋白研究在老鼠身上測試的結果很不錯，如今父子倆常互相交流合作。「我們可能會一起寫論文。尚恩做得非常、非常好。有其父必有其子吧，哈哈！」杭特邊說邊順手輕撫他的大鬍子。

參考資料

• Bradley J. Fikes (2017), "Big honor for groundbreaking cancer researcher Tony Hunter," The San Diego Union-Tribune. Retrieved from https://www.sandiegouniontribune.com/business/biotech/sd-me-hunter-sjoberg-20170214-story.html

• Karen Hopkin (2006), "A Phosphorylation Pioneer-Tony Hunter discovered tyrosine kinases because he was lazy - then the fun began," The Scientist. Retrieved from https://www.the-scientist.com/profile-old/a-phosphorylation-pioneer-47670

• Leonard Norkin (2016), "Tony Hunter and the Serendipitous Discovery of the First Known Tyrosine Kinase: the Rous Sarcoma Virus Src Protein," Virology. Retrieved from https://norkinvirology.wordpress. com/2016/04/12/tony-hunter-and-the-serendipitous-discovery-of-the-first-known-tyrosine-kinase-the-rous-sarcoma-virus-src-protein/

• Ruth Williams (2008), "Tony Hunter: Kinase king," JCB. Retrieved from http://jcb.rupress.org/content/181/4/572

• 陳至中（2018），〈如何讓癌症煞車　唐獎生醫 3 得主各有妙招〉，中央社。檢自 http://www.cna.com.tw/news/ahel/201806200076-1.aspx

• 陳偉婷（2018），〈研究治癌有成　杭特欣喜獲唐獎生醫獎〉，中央社。檢自 http://www.cna.com.tw/news/ahel/201806200076-1.aspx

• 唐獎，〈唐獎得主，生技醫藥獎，東尼・杭特〉，檢自 http://www.tang-prize.org/owner_detail.php?cat=11&id=995

杭特博士參訪唐獎教育基金會時，與介紹他的卷軸合影。

主要經歷

2016迄今	美國加州大學聖地牙哥分校藥學系兼任教授
2016—2017	美國索爾克生物研究所癌症中心副主任
2011迄今	美國索爾克生物研究所 羅納托・杜爾貝科癌症研究講座教授
2008—2016	美國索爾克生物研究所癌症中心主任
1983迄今	美國加州大學聖地牙哥分校生物科學院兼任教授
1982迄今	美國索爾克生物研究所分子與細胞學實驗室教授
1979—1983	美國加州大學聖地牙哥分校生物科學院兼任副教授
1978—1982	美國索爾克生物研究所分子與細胞學實驗室副教授
1975—1978	美國索爾克生物研究所分子與細胞學實驗室助理教授
1973—1975	英國劍橋大學耶穌學院研究員
1971—1973	美國索爾克生物研究所博士後研究員
1968—1971	英國劍橋大學生物化學系研究員

獎項與榮譽

2018	Pezcoller基金會──美國癌症研究學會卓越癌症研究獎
2017	舍貝里癌症研究獎
2016	英國劍橋大學耶穌學院榮譽研究員
2014	BBVA基金會 生醫知識新領域獎
2014	皇家學會 皇家獎章
2013	中國科學院 愛因斯坦講習教授
2006	美國哲學會會士
2005	沃爾夫醫學獎
2004	美國國家醫學院院士
2004	阿斯圖里亞斯王子技術與科學研究獎
2001	日本慶應醫學賞
1998	美國科學院院士
1994	加拿大蓋爾德納國際獎
1994	通用汽車癌症研究獎
1992	美國文理科學院院士
1989	皇家文藝學會會士
1987	皇家學會會士

東尼‧杭特專訪

研究經費不足，令人擔憂

Q 你在臺灣的演講題目是「歷久彌新（Fifty Years in Research and Still Excited by a New Result）」，請問你優遊科學研究50年的動力是什麼？科學研究為何讓你如此著迷？

A 科學研究讓我著迷的原因，是科學讓人永遠都不會知道研究會得出什麼結果。你必須保持「不管研究結果如何」的開闊心胸，才會從中不斷學習。

我很幸運，剛踏入科學研究領域，就有機會在英國劍橋大學當一名研究員。當時分子生物學研究剛起飛，而劍橋是世界首屈一指的分子生物研究機構。那時的研究員有弗朗西斯‧克里克（Francis Crick）、悉尼‧布倫納（Sydney Brenner）、馬克斯‧佩魯茲（Max Perutz）和艾隆‧克魯格（Aaron Klug）。我有幸能夠在菜鳥時期認識這些偉大的研究者。他們大部分都已過世，只有悉尼‧布倫納還住在新加坡。

在劍橋的優秀機構裡受訓相當重要，及早進入生醫領域也很重要，轉換到分子生物學中也是個好決定。當初，我意外地加入索爾克生物研究所（Salk Institute），那時我對治療癌症沒什麼太大的野心，只是對

細胞的運作原理很有興趣而已。

癌細胞是很有趣的細胞，它們跟一般的細胞不同，而我想了解它們的分子基礎，這是我繼續研究癌症的動力；但我也研究一般的細胞，我是個細胞生物學家，對細胞及有機體的運作很感興趣，總覺得自己挺幸運的，我要讚美我那些博士後的學生們、在研究機構跟拉霍亞（索爾克生物研究所所在地）的同事們，他們都很棒。

我一直鼓勵博士後研究生開發自己的研究計畫。如果他們想要獨立研究，就可以開發自己的研究題目，就像我當年開發了一個新的磷酸化計畫，研究一種新型的激酶，展開了我一生的研究路程。每個新發現都令人感到興奮。

Q 在做研究的過程中一定有不少令你沮喪的時候，請問你怎麼克服那時的人生低潮？

A 當研究某個計畫時，卻發現有人做了跟你一樣的題目，還先發表論文了，那滿讓人沮喪的，但只能學著釋懷。

1975 年，我回到聖地牙哥，有位博士後研究員加入團隊，試著找出在勞斯肉瘤病毒中能將正常細胞轉化成癌細胞的蛋白質，但被瑞・艾瑞克森（Ray Erikson）團隊搶先了。他們找到 Src 蛋白質，也發現 Src 是種激酶。

這導致我們去測試是否多瘤病毒的中 T 抗原也是激酶，結果它就是！艾瑞克森已經發表 Src 可將蘇胺酸磷酸化。所以，我開始進行水解實驗，要找出多瘤病毒激酶的胺基酸目標。

有天晚上，我著手將被放射性標記的中 T 抗原樣本水解，並且跑電泳進行分離，它是從多瘤病毒感染的細胞中取出的。同時也跑了磷酸蘇胺酸及磷酸絲胺酸兩種標準品，這是那時唯一所知會磷酸化的兩種胺

基酸。

第二天，結果出來了，出現的胺基酸並不是磷酸蘇胺酸，也不是磷酸絲胺酸。

我之前的生物化學訓練這時就派上用場了。因為我知道出現了第三種氫氧基胺基酸，也就是酪胺酸，非常可能可以被磷酸化。我粗略地合成了一些磷酸酪胺酸，再對多瘤病毒樣本做對照實驗，結果發現多瘤病毒激酶的胺基酸目標就是酪胺酸。後來用我的實驗方法分析勞斯肉瘤病毒，赫然發現 Src 激酶竟然也是酪胺酸激酶，並非艾瑞克森當初認為的蘇胺酸激酶。

所以，就算發生預料之外的事，別人的研究搶先有了進度，你可以難過幾天，去做別的事情，不過別讓自己沮喪太久，因為也可能會有意外發現。

就算有人先完成了某些目標，總還有新東西需要被發現的；你可能錯過一個，但不會錯過每個機會的。

Q 你在 1979 年的重要發現導致出現抗癌治療藥物，奠定學術地位。當時的你非常年輕，身處在很新的研究機構中，卻有了不得了的發現，對研究者來說，非常幸運。

A 是的，我很幸運。我在一個剛好的時機點，到了一個適合我的地方。

當時的發現或許代表了些什麼，但當時並不知道酪胺酸磷酸化是如此重要。我們推想，有兩種病毒這麼運作，應該對很多細胞來說會是常見的運作機制；但沒想到它最後對癌症的治療是如此重要。在研究科學中，運氣很重要，如果想要有意外的成果，真的需要一點運氣。

有些非常優秀的人不知為何就是沒有這樣的好運，也就沒有突破的機會。不過，機會是要自己創造的。每當有人問我生涯建議時，我總是

回答「你要能提出重要的問題」，不要只是去做一個了無新意的實驗，而應該試著提出能為生醫領域帶來重大成果、有著宏觀視野的問題！

Q 你時常表達出對索爾克生物研究所的感激，也很擔心募款的狀況。但我很好奇，索爾克研究所既然有你如此卓越的研究大師，為何擔心無法募到足夠的款項？

A 在美國，資金愈來愈緊縮了，生醫研究經費都很高，必須由國會兩黨同時支持，又要跟軍備等眾多事項競爭預算。儘管美國國立衛生研究院（NIH）的預算持續增加，但花費同時也在上升，預算增加的速度跟不上實驗花費增加的速度，補助的提升速度也跟不上新科學家的數量。每個科學家都會培訓新研究人才，我生涯中就培育了七、八十人。他們不是每個人都加入學術界，但加入學術界的數字一直增長，因此預算跟不上這樣的速度。每個人分到的經費都比以前更少。

就像我說的，搞科學愈來愈貴了，包括儀器非常昂貴、試劑的花費愈來愈高，工資也不斷上漲，所以愈來愈難有足以維持大型實驗室的預算。

所以我會對未來感到擔憂。我們訓練出太多人手，但在研究之外的工作機會是有限的。有的人會說「你去當個編輯或是主管之類的」，但根本沒那麼多的工作。

我也覺得很難去預測未來研究機構還能否存活下來。大學部是很好沒錯，他們持續教導大學生，也需要教職員來指導學生，教職員在大學裡有研究室可用。不過，像索爾克生物研究所這樣的研究機構，一個大學生都沒有，是有幾個研究生，但他們都是從對街的加州大學聖地牙哥分校（UCSD）過來的，我們沒有頒發學位，也不治療病患，更不會有感激的病患捐錢給我們；我們也沒有富裕的校友捐贈，而很仰賴

慈善活動；我們不做臨床實驗，很難讓人了解到支持基礎研究的重要性。我真的很擔心研究機構的未來。

Q 你想怎麼解決這個問題？

A 我們正嘗試為癌症研究募集一大筆錢。有一個叫做「征服癌症」（Conquering Cancer）的活動，想要募到 2,500 萬美元來支持研究所的癌症研究。這不只能支持到博士後的同僚，還能支持新的研究計畫、新的研究方向，讓研究室招募一些職涯中期的癌症研究員。
我計畫使用唐獎的獎金來成立索爾克生物研究所的博士後學術獎金。在研究機構裡有獎勵最佳人員的學術獎金，讓彼此互相競爭是非常重要的事。最好的方式是有人送我們幾十億美元，那就都沒問題了！哈哈！但不太可能有人送我們那麼一大筆錢。

Q 你如何描述科學家與大藥廠之間的關係呢？

A 我有好幾個實驗室成員離開後去藥廠，而且做得很成功。應該有更多人去生技產業，比如縮小版的藥廠，比起大藥廠有廣泛的行銷範圍，小藥廠更專注在單一生技主題上。
整體而言，藥廠都在縮減研發支出，更仰賴學術界來做研究，如果生技公司成功的話，藥廠就會直接買下他們，這樣就不用花太多心力在內部研發上。所以他們會翻看文獻，然後挑出能做出優秀癌症研究標靶藥物的成果。最近有幾篇文章在抱怨學術科學家的標靶辨識度沒有以前那麼好，當藥廠想重製什麼時，卻發現不是每次都能成功，這就是生物學，有時就是很難重製生物學的實驗成果。但如果不是穩固的目標，就不值得藥廠繼續開發下去。所以科學家必須要有絕對可複製的成果。

我想真正的問題在於誰才是操盤的人。如果藥廠握有你的研究成果的
一切權利，那就會是個問題了。如果他們想要的只是優先權，代表他
們能從你的成果來決定是否要資助你的研究，那關係應該是不錯的。
所以傳統上我們不會跟大藥廠綁在一起，但有些研究機構就跟藥廠做
了很多交易。藥廠也對該如何給錢愈來愈小心了，要有專精或關鍵點
之類他們覺得值得給錢的東西，尤其是癌症領域，藥廠對新式癌症藥
物有很大的興趣。

當我們有新的發現，並覺得這項發現非常重要，試著取得專利權時，
藥廠也很有興趣，大家就開始談如何擁有權利與資助，這就是事情發
展的大概過程。不過最有價值的專利，其實不是像酪胺酸激酶這樣的
基礎概念，你沒辦法將這個十分學術的點子拿去申請專利，而必須是
某種檢測方法，或是能用在診斷上、針對某個目標的抗體，又或是不
管多小的分子構圖拿去註冊才行，那才是真正值錢的地方。

....

Q 你剛提到，要有成功的研究生涯，須保持身體健康。請問你是如何維
持身體健康的？

A 我經常運動，以前打壁球和網球，後來我的髖關節出問題，不過也換
過了，我想應該能重回壁球場了。我也騎單車，每個週末都會騎三、
四十英里。我們之後也會舉辦癌症研究的單車募款活動，會騎 55 英里，
大約 90 公里，讓大家都可以參與。此外，我也爬山，我們在內華達山
上有房子，會爬上將近 4,000 公尺高的地方欣賞美景。

....

Q 你可以和年輕科學家們分享一些建議嗎？

A 出身很重要，你共事的人也會產生影響，這就是人生。當你看著某人

的履歷時，你說，這傢伙在我認識的人那裡拿到博士學歷，或是幫我認識的人做博士後研究、論文發表的期刊好不好等等，這時旁人對你的看法就會產生差別了。

如果是研究生的話，最重要的決定是要跟誰做博士後研究。他們一定要有你很熱中的事物。如果想走學術路線的話，計畫的重點要有深度，要能維持好幾年去完成，不能只是重複在老鼠身上做實驗，或做別人已經做過的事，要做些新而且重要的東西，原因是將來應徵學術工作時，他們期望你能延續你的研究。

我建議，在成為研究機構成員時，至少要有一個比較有風險的計畫，即便可能不會成功但也是有意義的，同時也需要有比較安全的題目，這樣才好拿到贊助經費。

你要平衡好這兩件事：創新有風險，但要能拿到贊助。

像我跟那些剛加入索爾克生物研究所的人說的，希望他們在五年後做出特別的事，而不是一直做一樣的事；希望他們都能擴展自己的領域，把自己帶往新的方向，或與其他人一起合作開發新領域。我建議別發展得太快，別因為你想當好人，就把一堆人往實驗室裡塞。要分派人力很簡單，但要是他們能力不夠強，那就要花上很多時間。

當上領導者之後，你會發現自己在工作檯上的時間會愈來愈少。我從1975年開始，持續做了六、七年的實驗，最後一次真正動手做實驗是在1984年。有些學者能繼續做實驗，但在實驗室需要有人管理、有報告需要批准、有事情需要複查之後，就會愈來愈困難了。

成為團隊的一員很重要，人們會因你編輯及組織會議等能力而尊重你。我在生涯裡至少辦了75場大型研討會，任何事務都留下詳細紀錄。我的手寫筆記，可是很有名的，哈哈。

我一直有手寫筆記的習慣，我會寫下所有研討會、各種會議的筆記，我的書櫃上就有35個2吋厚的資料夾，而且全都做好分類及索引。我

想每一份都有接近四、五百頁，所以真的是一大堆紙。目前大部分都掃描成數位檔，還沒全部完成，但會弄好的。

Q 很驚人啊！

A 我很著迷於做這件事情。我把所有發表過的談話都記錄下來，所有我展示過的投影片都保留，把在會談中用到的投影片列表記錄起來，放到資料夾裡。

Q 為何不電子化？

A 這是我的興趣。我會用數位產品，但感覺就是不一樣。我會繼續用鉛筆來寫筆記，直到我退休為止。我覺得寫下來就是最好的記憶方法。我的記憶力很不錯，所以能在一大堆紙張當中找到我要的東西。有好的記憶力幫了很大的忙。現在的時代已能上網查資料，個人記憶也許沒那麼重要，但對我來說，還是很重要，那是我個人的資料庫！

Q 當你回顧整段研究生涯的時候，你希望能留下什麼呢？

A 讓我們現實點來說吧。生物學界裡沒幾個名字是有人記得的。50年後你可能會說知道華生跟克里克。當然，你知道達爾文是誰，但一般非科學領域的人不會知道其他的名字，頂多就是這三位。我不寄望人們會記得我，只希望我的發現被證實是有用的，而且在治療疾病的用途上繼續有用下去。或許酪胺酸激酶會被寫在課本裡，但不會有人知道是誰發現它的。以後的人會知道酪胺酸激酶是蛋白質轉譯後修飾的產物也很重要；但究竟是誰發現的，很重要嗎？一點都不

重要。

所以我對這件事的看法很務實：「不記得我，那也沒關係。」

你知道約納斯・沙克（Jonas Salk，即索爾克）吧，他是沙克研究機構
（即索爾克生物研究所）的創辦人。你們知道沙克有名的原因吧？他
研發出第一個小兒麻痺疫苗——沙克疫苗，後來又有阿爾伯特・沙賓研
發的小兒麻痺疫苗——沙賓疫苗，這兩種疫苗至今都還在施打或服用，
因為兩者有不同的效用，也能讓身體產生免疫力。

我去年在盧安達爬山，觀察山地大猩猩，他們先給我注射了沙克疫苗，
這也很合理，畢竟我在沙克（索爾克）研究機構裡工作！

1954 年時，每個美國人都認識沙克，因為他發明了小兒麻痺疫苗，而
且向全世界公開。以前「小兒麻痺症」像是天災一樣，因為這會在泳
池之類的地方傳染，每個夏天都有人因罹患此病而死亡或癱瘓。他不
計私利地挽救世人，即使如此，他的名字到現在也被人遺忘了。如果
你去抓個加州少年問問：「誰是沙克？」他應該會一頭霧水。名聲原
本就會消散的，我不期望自己的名字被世界記得，我只希望我的發現
被證實是有用的，而且在治療疾病的用途上繼續有用下去。

知識錦囊

向癌症宣戰

　　東尼・杭特會踏入癌症研究領域，緣起於他跟隨的恩師沃爾特・艾克哈特（Walter Eckhart）拿到「向癌症宣戰」的研究經費。

　　所謂「向癌症宣戰」，是 1971 年底美國白宮及國會面對群眾壓力，尼克森總統於是提出「向癌症宣戰」計畫，並簽署《國家癌症法案》（*National Cancer Act*）、成立國家癌症中心（NCI, National Cancer Institute）。當時他說：「我們集全國之力，分離了原子（製造原子彈）、登上了月球，應該再次凝聚相同的力量來攻克這一可怕的疾病（癌症）。」

　　然而，美國抗癌之戰持續 47 年，投入逾千億美元，還沒能成功。2016 年 1 月底，當時的美國總統歐巴馬再接再厲，宣布啟動精準醫療計畫（Precision Medicine Initiative），要募集 10 億美元來推動治療和預防癌症的重大政策，即「癌症登月計畫」（Cancer Moonshot），並成立專案小組，由副總統拜登帶領，計畫包含癌症預防、疫苗研發、早期篩檢、癌症免疫療法、基因體學、混合療法等，再加上大數據分析，展開全面性的抗癌行動。

　　同年 8 月，美國國家癌症中心邀請我國參與「癌症登月計畫」，中央研究院暨臺灣大學、長庚大學暨醫院兩個團隊最早參加；為此，中研院執行團隊規劃了從 2017 年至 2021 年的第一期五年工作項目及目標。

The Tang Prize Foundation is to be congratulated on establishing a series of new awards to recognize accomplishments in four areas of academic endeavour that will continue to benefit humankind for centuries to come. I am honoured to be a recipient of the 2018 Tang Prize for Biopharmaceutical Science for a serendipitous discovery made nearly 40 years ago whose significance for the treatment of cancer was not immediately apparent. But over the years since 1979, tyrosine kinases have become an important target for a new class of cancer drug, with over 40 tyrosine kinase inhibitors currently approved for cancer treatment and more to come. Undoubtedly, the Tang Prize in Biopharmaceutical Science awards made in future years will recognize the most important scientific advances that lead to improved human health.
Thank you!

September 20, 2018

　　唐獎教育基金會設立一系列新的獎項，表彰四個學術領域的成就，是相當值得祝賀的，這些努力將在未來繼續造福人類。我很榮幸能因為40年前的七項發現而成為2018年唐獎生技醫藥獎得主，但當時，這個發現對癌症治療尚無顯著的意義。

　　但自1979年以來，酪胺酸激酶已成為一類新的癌症標靶藥物，目前已經超過40種酪胺酸激酶被批准治療癌症。毋庸置疑，在這個趨勢下，未來唐獎生技醫藥獎得主之成就與貢獻，將會改善人類的健康。謝謝！

東尼・杭特
2018年9月20日

布萊恩・
德魯克爾
Brian Druker

獲獎理由

美國奧勒岡健康與科學大學奈特癌症研究所所長布萊恩・德魯克爾博士，成功將imatinib（商品名：Gleevec）應用於慢性骨髓性白血病（CML），是推動其臨床實驗的醫師科學家。Gleevec是第一個成功使用於酪胺酸激酶標靶治療的小分子抑制劑，療效顯著，讓Gleevec成為TKI標靶治療的先驅。德魯克爾為標靶治療的時代吹響了號角，如今各種標靶藥物不斷推陳出新。

相信自己的治癌英雄
——布萊恩‧德魯克爾

「你不會有前途的。」

「你不可能成功。」

「希望你別做科學研究了。」

這些只是布萊恩‧德魯克爾（Brian Druker）這輩子聽到的喪氣話的一小部分而已。

德魯克爾成功開發治療慢性骨髓性白血病（又稱血癌）的藥物伊馬替尼（Imatinib；上市的商品名稱在美國是 Gleevec，在其他國家是 Glivec），因而獲得拉斯克臨床醫學研究獎和邁恩伯格癌症研究獎，也因此獲得 2018 年唐獎第三屆的生技醫藥獎。

他同時也是美國國家科學院院士、美國國家醫學院院士、美國文理科學院院士，一生獲獎無數，包括「阿爾巴尼醫學中心獎」、「日本國際賞」等國際獎項。

德魯克爾研發治療慢性骨髓性白血病藥物的初期，外界並不看好。直到 1998 年 6 月伊馬替尼進入臨床階段，54 名原本對其他藥物產生抗藥性的患者，四週後高達 53 人便恢復正常，結果讓人大為振奮，讓美國食品藥品監督管理局（FDA）將此藥列入優先審查名單。

2001 年 5 月，Gleevec 在短短不到三個月的時間獲准上市，破天荒創下 FDA 藥品審核的紀錄，《時代雜誌》（*TIME*）盛讚 Gleevec 是經過嚴格訓練的「獵癌狙擊手」，直接瞄準癌細胞弱點，彈無虛發，也因此確立了德魯克爾在癌症精準醫學領域的先驅地位。更重要的是，他的發現象徵癌症治療進入嶄新的標靶治療時代，效果更好、副作用更少，更啟發了其他癌症的精準療法。

◎ 從不被看好的醫藥科學家到藥神之路

這位來自美國密蘇里州聖路易斯市、畢業於加州大學聖地牙哥分校，當年不被看好的年輕醫師科學家，如今已成功挽救無數生命，讓致命惡疾成為可控制的慢性病。

在金馬獎中備受矚目的電影《我不是藥神》，其中引發爭論的神藥，就是 Gleevec（中國大陸稱為格列衛）。

「不可能成功」、「別做科學研究了！」年少時代貼在他身上的嚴苛批評及否定，後來都被德魯克爾一一駁回了，證明批評者都錯看了。

「有時候，這些話的確很傷人！」臉上總掛著溫煦微笑的德魯克爾說，這些話曾經讓他懷疑自己，但這些話「並不致命」，如今回想起來，「這些狠話像是送給我的禮物，形塑了今天的我。」

別人對他愈不看好，期望值愈低，他就愈堅毅，像頑石一樣。

「當然啦，現在我不會矯情地說，啊！謝謝當年那些看扁我的人，或是要把今天的成就都獻給當年毫不留情的批評者。但是，這些貶抑為我釐清了人生的目標，也幫助我認清自己。」

在他兒子的高中畢業典禮上，已是癌症研究大師的德魯克爾毫不顧惜地揭開自己的瘡疤，他希望這些失敗與挫折的經驗能鼓勵這群初出茅廬的畢業生：「一路上有人會懷疑你。重要的是，你要傾聽內在的聲音，告訴

自己，一切皆有可能。」

但早年，德魯克爾可不是這麼風光。

當年他申請醫學院，「我被哈佛、史丹佛、耶魯，還有一大堆頂尖醫學院給拒絕了。」儘管德魯克爾的成績非常優秀，美國醫學院入學考試（MCAT）的成績也超越 99% 的人，但眾多長春藤名校卻拒絕了他。

這是他人生挫折的開始，往後還多著呢。

最後，加州大學聖地牙哥分校醫學院錄取了他。當時，是由知名的羅素・杜利特爾（Russell Doolittle）教授面試。

德魯克爾說，錄取機率大概只有十分之一，非常低，而且因為多元化政策，少數族裔及女性更有機會，「像我這樣白人男性的錄取率大概剩二十分之一到三十分之一而已。」

當時杜利特爾看著他說的第一句話：「布萊恩，你身上有我們學校用得到的特質。」多年以後，他才知道恩師是要找願意投身研究的醫師，因為研究型醫師才能為患者帶來突破；那才是杜利特爾想創建的醫學院。

1984 年，德魯克爾從西岸來到東岸波士頓，是醫學研究圈中的菜鳥科學家，尋尋覓覓人生第一個研究工作，他進入哈佛醫學院丹娜法伯癌症研究院（Dana-Faber Cancer Institute），完成腫瘤醫學訓練，也在實驗室度過七年的時間，學習成為科學家的所有技能。

◎ 挫折喚醒鬥志　刺激闖出名堂

他專研細胞生長，似乎有了進展，發表好幾篇掛名共同研究者的白血病研究論文。「我對自己的研究進展還滿有信心的。」

在和丹娜法伯主管見面時，德魯克爾想爭取實驗室空間以及升遷。

「他坐在辦公椅上，翻著我的論文，接著告訴我：『你沒有足夠的獨立掛名的論文，你在丹娜法伯不會有前途的。』」德魯克爾清楚記得當時

的情景。

不過，德魯克爾另有備案。對街的貝絲以色列醫院（Beth Israel Hospital）醫學部門主管過去一直在找他，既然在丹娜法伯「沒前途」，他就回頭找貝絲以色列醫院，心想就在這兒落腳吧，卻被告知：「這個位子已經給了另一個更有潛力的傢伙了。」

此時的德魯克爾真是絕望透頂。

這兩大機構的主管都不看好他，認為這個人不值得投資。但現在回想起來，這正是個轉捩點。「就好像有人往我頭上敲了一記，頓時打醒我。」

德魯克爾已經受不了一味給病人化療，看著病人的身體更加衰弱，而不是日趨好轉，他一直研究，想找出更好的治療癌症方法。他曾經對病人承諾，一定會在實驗室努力研究，直到找到更好的方法來治療癌症。

「如果留在丹娜法伯，一個高聲望的研究機構，享受舒服的環境，我想我永遠也踏不出舒適圈，可能就一輩子打安全牌了。」

這些挫折喚醒了他的鬥志，也刺激他非闖出些名堂來不可的雄心，這就是機會。「我相信標靶治療會有希望，我相信如果整合所有細胞如何變異的資訊，就能發展出有如巡弋飛彈的抗癌藥物，只摧毀癌細胞卻不會誤殺健康細胞。」

是這些挫折給他目標：他只需要一個實驗室，以及一個嶄新的開始。於是他到奧勒岡健康與科學大學（OHSU）工作，決心重新來過。

他只有一個目標，就是找到一種藥，能夠臨床用在他的病人身上。「能夠遇到像葛洛夫‧巴格比（Grover Bagby）這樣的好老闆，實在是我的運氣。」

巴格比在奧勒岡健康與科學大學創設 OHSU 癌症研究所（後改名奈特癌症研究所，The OHSU Knight Cancer Institute），他曾說：「有時候，你能為研究者做的最好的事，就是給他們機會，然後放手。」

在專訪時，德魯克爾特別提起，「巴格比是影響我職涯最大的人，他

是那種會把手臂攬在我肩上說『布萊恩，我相信你做得到』的人。當我需要這些激勵時，沒有人會對我說，但他做到了，他讓我進到癌症中心，願意投資我，相信我能夠成功，也願意指導、幫助我，並適時放手。他就像很好的父母，對待一個有天分但需要一些幫助和指引的孩子，他給我機會，在我身上看見別人沒有的特質。」

「我邀請巴格比來參加唐獎頒獎典禮，但他剛好有事。」德魯克爾說。

搬到奧勒岡，他就開始研究各種化合藥物，不到六個星期，他發現了其中一種能夠殺死白血病細胞，而不傷及健康細胞的組合，這就是他一直夢想能找到的組合。這個化合藥物就是未來藥物 Gleevec 的雛形。如今它已被視為革命性的治療藥物，但那時藥廠並不認為它值得投資。

他們認為這個藥不會有效，藥性會太毒了，永遠不會賺進足夠的錢來保證投進的資金沒有白花，所以他們不願意在一個來自奧勒岡的無名研究者身上賭一把。

「那時候，大家看扁我，甚至我未來的太太當時也看走眼。」德魯克爾綻開笑容說道：「這故事太有趣啦！」

他回憶，在《時人雜誌》（*People*）工作的亞力珊卓・哈蒂（Alexandra Hardy）被派來採訪他這個名不見經傳的年輕科學家，報導他研究的臨床前期新藥。她當時在休士頓工作，報導主題包括醫療、科學及犯罪等，那裡正是德州大學 MD 安德森癌症中心（Anderson Cancer Center）所在地，是另外一位唐獎生技醫藥獎得主約翰・曼德森（John Mendelsohn）工作的機構，這個中心會定期發布癌症新解藥的新聞稿，所以她有穩定且可信的報導來源。《時人雜誌》的編輯覺得德魯克爾的新藥研究可能有前景，而有報導價值，特地派亞力珊卓・哈蒂來跟德魯克爾聊聊。

「她後來告訴我，那時只覺得我這個人還不錯，是一位認真研究的好醫生，跟病患處得很好；至於研究嘛，看來不是很高明，不像能做出什麼新藥。」德魯克爾笑說。事實上，那時他和團隊發表的研究新數據，成了

後來救命藥物 Gleevec 的實驗基礎。

　　四年後，德魯克爾的新藥物開始受到矚目，哈蒂後來搬到奧勒岡，這次她和同事為《時人雜誌》再訪問了一次德魯克爾，這次專訪讓她對他的印象大為改觀，專訪形容德魯克爾是「奇蹟創造者（The Miracle Worker）」。

　　哈蒂回想第一次採訪德魯克爾時，他沒辦法講出一句適切的話來表達自己的意思，無法讓人家理解他到底在研究什麼。

　　「她的文筆很好，她開始教我該怎麼說話。『要講英文，而不是講科學術語』。」德魯克爾這麼表達他對哈蒂的謝意。

　　後來，他們開始約會，2003 年結婚，有了三個小孩，家庭成為德魯克爾人生的重要支柱。「她很努力教我，該怎麼在採訪中做出回應，該怎麼表現得更精簡，該如何說出別人聽得懂的話，而不是科學數據，她幫了我很大的忙。」

　　看來德魯克爾夫人調教有方。在這次專訪過程中，德魯克爾不時發出溫煦的微笑，毫無廢話，既不賣弄專業，也不端架子，將腦海中的故事娓娓道來。

◎ 病人的深信不疑　是最大的動力

　　新藥從研究到上市，由實驗室到病人手上，就像是個長征；而他就是那個單槍匹馬往前衝的鬥士。

　　「雖然我幾度被我敬重的人所摒棄，但有一群人從未懷疑過我，那就是我的病人。」德魯克爾的語氣一貫輕柔，總是溫暖而謝意滿盈地說著：「即使還不成什麼名堂，病人總是如此深信不疑。這總讓我感動莫名。」

　　巴德‧羅明（Bud Romine）就是相信德魯克爾的病人。「羅明來找我時，是個剛退休的鐵路工程師，四年前剛被診斷罹患慢性骨髓性白血

參觀唐獎教育基金會時，德魯克爾博士觀賞唐獎證書的設計。

Nike 創始人菲爾．奈特（Phil Knight）送給布萊恩．德魯克爾博士的鞋子，上面有他的親筆簽名，希望德魯克爾持續為終結癌症的醫學發展而跑。

得獎人參訪唐獎教育基金會，德魯克爾博士親筆簽名留念。

布萊恩‧德魯克爾博士使用電腦整理資料。

病，正是我研究的癌症。他那時 65 歲，關於治療，他沒什麼選項可以選，他試過干擾素療法，但無效，而且讓他衰弱得不得了，年紀太大，也不適合骨髓移植。」

羅明的太太伊芳（Yifang），42 歲，銀行行員退休，將羅明的病情做成仔細的檔案，把血球計數製成圖表。圖上的曲線劇烈地上上下下，白血球一下從 1 萬 5 千跳到 15 萬。她在正常值上限 1 萬的高度畫了一條直線，而羅明三年內的病情未曾低於這個數字。

不過，對羅明來說，數字已經不重要了。他只知道他沒有力氣打高爾夫，常常衰弱到無力下床。

羅明從報上讀到德魯克爾實驗室的新研究。那是 1996 年，《奧勒岡人報》在 4 月 30 日，德魯克爾生日那天，刊登了相關的研究成果，還在頭版刊登了德魯克爾的照片。「羅明立刻跟我聯絡，毫不遲疑地把他的生命交到我手上，他直截了當地說：『如果你要開始臨床實驗，我想成為第一個。』」

德魯克爾說，慢性骨髓性白血病的平均餘命僅五年，而羅明的時間不多了。「但羅明全心信任我，他就是相信我真的可以救他。」

「這樣的信心真的會激勵你。」德魯克爾說，就是這份信任讓他有勇氣去說服世界最大的藥廠，成功把藥送到病人手上。

德魯克爾已經在實驗室測試新藥配方，確定它十分安全。「但除非你真的用在病人身上，你不會知道結果。羅明真的非常勇敢。」

羅明服用了 Gleevec 三週後，他的血球計數就回復正常。數字無法描述真實景象，對羅明來說，這意謂著他又能夠打高爾夫、冬天飛到加州享受陽光。

九年之後，原本屬絕症的慢性骨髓性白血病的五年存活率，已達到九成五。

「五年」的意義，對某些病人來說，是可以看到孫兒出生、長大。

拉唐娜（LaDonna）是華盛頓州退休的營養師，她來看德魯克爾時，幾乎無法走路，因為她的脾臟已經從正常的拳頭大小，腫脹成足球那麼大，壓迫胃，她無法吃下任何食物。她的體重每天減少 2 到 3 磅（約 0.9 至 1.3 公斤）。她大概只剩下幾週的壽命，也已經打點好後事、選妥喪禮要用的音樂。

但服用 Gleevec 一週之後，她竟然可以站起來走路了。她的脾臟縮小，一個月之後，白血球指數也回復正常。

德魯克爾有一張拉唐娜五年前的照片。照片中她和孫兒玩，分別是 16 歲、13 歲，還有一個三歲的孫子，名叫意志（Will），原本她可能活不到見他出生，但 Will 給了她撐下去的意志。

她最近又給德魯克爾新的照片，那是她 21 歲長孫的婚禮。當年的 13 歲青少年也由高中畢業，Will 也上了三年級。

「在尋找更好的治癌方式的旅程中，我的病人給了我最大的動力。我學到傾聽病人的重要性，他們是最好的老師。或許他們教給我最大的功課是：『生命中最好的禮物是希望』。」

他現在應用精準醫學的概念做癌症的早期偵測。如能早期發現致命癌症，可大幅提高癌症患者的存活率。2015 年，奧勒岡健康與科學大學 OHSU 癌症研究所收到 Nike 共同創辦人菲爾‧奈特（Phil Knight）5 億美元捐款，並改名為「奈特癌症研究所」，寬裕的研究經費讓所長德魯克爾得以在原有的科學基礎之上，發展大規模的早期偵測研究計畫，期待有一天能讓所有癌症真的不再是絕症。

「現在正是醫藥研究的重要關鍵時刻。距離根除許多致命惡疾，比如癌症，就差那麼一點兒。」德魯克爾說，至少能讓某些絕症變得可控制，成為能與之共存的慢性病。

德魯克爾博士參訪唐獎教育基金會時，與介紹他的卷軸合影。

主 要 經 歷

2007迄今	美國奧勒岡健康與科學大學（OHSU）奈特癌症研究所所長
2002迄今	美國霍華德·休斯醫學研究所研究員
2000迄今	美國OHSU血液腫瘤學院教授
1996—2002	美國OHSU醫學博士／博士學程主任／副主任
1993迄今	美國OHSU癌症研究所血液腫瘤中心主任
1993—2000	美國OHSU醫學系副教授
1987—1993	美國哈佛醫學院丹娜法伯癌症研究院臨床副研究員
1984—1987	美國哈佛醫學院丹娜法伯癌症研究院醫學腫瘤學研究員
1982迄今	美國索爾克生物研究所分子與細胞學實驗室教授

獎 項 與 榮 譽

2017	美國臨床腫瘤醫學會腫瘤科學獎
2013	阿爾巴尼醫學中心獎
2012	美國文理科學院院士
2012	美國匹茲堡大學迪克森獎
2012	日本國際賞
2009	德國邁恩伯格癌症研究獎
2009	拉斯克臨床醫學研究獎
2007	日本慶應醫學賞
2007	美國國家科學院院士
2006	美國醫師學會會士
2005	德國羅伯·柯霍獎
2003	美國國家醫學院院士
2002	通用汽車癌症研究獎
2001	沃倫·阿爾珀特獎
1997	美國臨床研究學會會士

「前輩在研究上已經闖出一條路來，之後有人接棒，延續任務，也可能有人達陣，真正根治癌症或其他疾病。所有的人的努力將帶給病人希望。」站在前輩肩上、接棒研究的德魯克爾自我勉勵，也如此期勉後進。

◎ 人生的失敗史　比成功祕訣更重要

在一場對醫學生的演講中，德魯克爾對年輕一代殷切期盼：「我想給你們最後的離別贈禮，是我當年收到的一句斷言，『你不可能有出息』，現在轉送給你們，而我迫不及待想要看見你們如何證明我錯了！」

大部分的畢業演說都激勵學生成為最強的，他卻是分享人生的失敗史；這比成功的祕訣更重要。

他站上講臺，看著底下的畢業生，照著稿子念，並製造懸疑：「你們永遠不會成功、在這裡沒有未來、我希望各位不要把科學當作自己的志願……。」德魯克爾說：「當我講到第三句，可能因為這話太刺耳、太反常，觀眾開始笑了起來。」

他笑說，這份畢業演說，也是請太太幫忙潤飾了大部分。

回首人生，德魯克爾說：「每一次的挫敗或是回絕都不重要，都會過去的。真正重要的是，掌握所有你獲得的機會，還有你走過的每一步路。」

「不管有沒有去哈佛或耶魯，都不重要，重要的是要把握一切。」許多人因被哈佛拒絕而難過，「我被哈佛拒絕了，但我過得不錯，不一定要去哈佛，不是所有的突破都來自哈佛，也許有的突破是來自臺灣！」

「你一定會面對挫折，一定會被拒絕，一定會有人說你不夠好。但你一定要相信自己，一定可以克服每個障礙。只要認清並做這件事，再加上一些彈性，你一定可以強勢回歸。」

即使失敗，他從未失去信心，努力地走好每一步；即使被拒絕，他從

未放棄對病人的承諾，堅持做出更好的藥物；即使完成這許多，但他終究明白，科學家是不會被世人記得的。他豁達地笑了起來，他已完成自己的使命，「即使被世界遺忘，也沒有關係的。」

參考資料

- Jenn Dawson (2011), "Dr. Brian Druker, M.D. - Hero On the Hill: Leading the Revolution in Cancer Therapy," PORTLAND. Retrieved from http://portlandinterviewmagazine.com/interviews/health/dr-brian-druker-m-d/

- "Meet Dr. Brian Druker," OHSU Knight Cancer Institute. Retrieved from https://www.ohsu.edu/xd/health/services/cancer/about-us/druker/

- 陳至中（2018），〈如何讓癌症煞車　唐獎生醫 3 得主各有妙招〉，中央社。檢自 http://www.cna.com.tw/news/ahel/201806200076-1.aspx

- 唐獎，〈唐獎得主，生技醫藥獎，布萊恩‧德魯克爾〉。檢自 http://www.tang-prize.org/owner_detail.php?cat=11&id=996

布萊恩‧德魯克爾專訪

成功的方法是持續朝著目標前進

Q 謝謝你對世界的貢獻，搶救無數的生命。請談談你成功的關鍵，是什麼讓你堅持做研究的？

A 我認為，成功的方法是持續朝著一個目標前進。多年前，我在波士頓的丹娜法伯癌症研究院（Dana-Farber Cancer Institute）工作，我當時很努力，但有人說我的工作沒有前途，這句話給了我努力的目標。有人覺得如果老闆說工作沒前途，可能就直接辭職了，但我把這件事情當作一個轉折，相信自己可以發現更好的癌症治療方法。

接著我前往奧勒岡，堅持要完成我的目標，專注我該做的事。我的目標是要找到一家藥廠合作，開發慢性骨髓性白血病的新藥，並且推入臨床實驗，也為自己找到前進的動力，以及對工作保有熱情。

美國職籃明星凱文‧杜蘭特（Kevin Durant）曾分享他母親說過的話：「要努力才能打敗那些有天賦的人，有天賦，還要繼續努力。」我非常認真努力；如果想成為最厲害的人，就必須盡最大的努力、善用自己的天賦，這樣才能成功。

Q 首先要找到正確的目標及研究題目，對嗎？ 你是怎麼找到目標的呢？

A 我非常幸運，在對的時機找到對的目標，而且把握住機會。有時候必須站在框架外思考，看清楚框架內的東西，然後思考所在的位置，了解自己的位置，做出貢獻。如果有能力做到，那就是一件很棒的事。就像我告訴自己：我要開發新的藥物。這不只是認清自己的位置，還必須保持熱情、堅持目標，最後完成任務。

Q 對你來說，做研究和做出新藥，哪一個比較困難？

A 兩者都難，做新藥很難、做研究也難。在丹娜法伯癌症研究院時，我是唯一的醫學博士，院裡面有十幾個博士後和碩士研究生，他們跟我說如果覺得這份工作不適合，你可以回去行醫看病，多照顧病人。

事實上，我更想為病人做出一些貢獻。

當你認為自己是醫師，你所做的一切，都是為了幫助病人，當病人有了回饋，就會感到很有成就感，因為你幫助了他；但在實驗室，養了細胞，細胞並不會感謝你！

實驗很困難，且從結果很難看出作用；但對我來說，做實驗所要達到的是一個更遠大的目標，這個目標並不是一個我今天治療的病患，而是為了幫助更多的人。這樣的目標並不容易，做研究本身就是一件很困難的事。

Q 在你的生涯當中，有哪位是影響你最深的人？

A 大學時期，我在約翰·阿布爾森（John Abelson）的分子生物學實驗室裡工作，非常感謝他給我踏入這個領域的機會，在那裡發現了我對分

子生物學的天分,並往這個領域發展。

我花時間待在實驗室,然後去上課,跟同好交流那些從阿布爾森身上學到的知識,再回實驗室,全神貫注我的研究,我非常喜歡這樣的生活狀態。

另外,在醫學院大一時,我跟莫里斯・弗里德金(Morris Friedkin)教授學習化學療法演變史,為了更加了解如何治療兒童癌症,遍讀 1940 至 1950 年代的文章,那時白血病是最常見的兒童癌症,預期存活壽命六週,唯一能做的是,確保那些孩子在去世前不要受到太多折磨。

後來丹娜法伯癌症研究院的西德尼・法伯(Sidney Farber)研發出藥物氨甲蝶呤 (methotrexate),讓病童生存期延長到 12 週,於是當時的醫生開始添加其他化療藥物,進展到聯合化療藥物可治癒兒童白血病,這整個過程太令人驚嘆了。但是我看這些藥時想著:「我們必須給孩子吃兩年有毒的化學物質嗎?一定還有辦法可以治癒癌症。」

所以我在期末報告中寫道:「我們必須了解癌症,才能做出更好的治療。」這就是冥冥之中注定要我完成的使命。

Q 現今標靶治療適用的病症愈來愈多,治癒機率也更高,請問你對標靶治療的未來有何看法?有一天所有癌症會變成一種慢性病嗎?多快會到來?

A 我們從開發基利克(Gleevec)或伊馬替尼(Imatinib)的藥物中學到的是,如果確實對症下藥,療效就會很好,但必須儘早治療才行。如果治療得晚,效果很可能會大打折扣,病人可能只能活六個月;如果及早治療,則病人可能在接下來的 20 年都可以依靠藥物存活。

我們用兩個不同的方式,思考這個問題:

第一種策略是去研究晚期癌症的特點,跟早期癌症有什麼不同?最大

的不同是腫瘤會發生愈來愈多的突變，而為了對抗晚期癌症，需要結合不同的標靶療法，或是結合免疫療法，但是單一種藥物是絕對無法治癒晚期癌症的；第二種策略是早點發現、及早治療，那時癌症尚未惡化，只有一兩個基因突變，很容易治癒。於是我們現在必須雙管齊下，一方面學習如何結合不同的療法來治療晚期癌症，另一方面必須想辦法在癌症還能治癒的時候做早期檢測。如此一來就真的有機會將癌症變得可以治癒，或是變成可以控制的慢性病。

在開始癌症研究生涯時，我們有好多種化學療法，和兩種早期檢測方法。40 年後的今天，我們有好多種標靶治療及免疫治療藥物來治療癌症末期，但還是只有那兩種早期的檢測方法。那麼何不拿我們對癌細胞的了解，研發能精準做早期檢測的診斷方法，在容易治療的時期對症下藥？當然我們不能忽略癌末患者的需要，但我堅信更應該要朝及早發現癌症、及早治療的方向來研究。

（編按：基利克〔Gleevec〕是商品名，伊馬替尼〔Imatinib〕是藥品名，是治療慢性骨髓性白血病的第一代標靶藥物，兩個是同一種東西。）

Ｑ 那一天會提早到來嗎？

Ａ 那一天不論多快來到，永遠都是「不夠早」，許多生命已經逝去。我們有點子來實現這個想法，但要花很多心力。我們不了解癌症細胞早期的生成原因，或從良性細胞轉變成癌症細胞的所有過程，還有很多要學。我們必須透過大量的技術，獲得體內細胞的造影成像、血液檢測或其他方法來及早識別癌症，並且要非常準確才行。我們不想過度治療，因為那會是一個更大的傷害；當然，我們也不想誤判而錯過早期發現癌症的任何可能。

Q 有許多年輕科學家也想對癌症研究有所貢獻，你能給他們一些建議嗎？

A 首先要有非常廣泛扎實的科學訓練基礎，我在實驗室接受培訓、工作八年，幾乎就像一名研究生和博士後研究員，這樣的經驗讓我經歷許多不同的科學領域，在之後的生涯，常常可以應用到這些知識。我當時並不知道為什麼要這樣做，多年後才發現化學專業對參與藥物開發很有幫助，例如，了解分子生物學幫助我能夠創造細胞來測試藥物，以及學習開發單株抗體，讓我可以了解藥物如何影響細胞內的訊息傳遞。

其次，我鼓勵學生不要太早就把自己限制在一個領域之中，我經常用參加馬拉松比賽做比喻，當你訓練愈多，就能夠跑得又遠又快；學得愈多，擁有的科學基礎愈堅固，就愈能得到成果。我鼓勵學生抓住機會學習新領域，即使這些領域不屬於自己的專業領域，因為有一天它可能會對你有所幫助，而你事先想不到；我建議「保持開放的心態，將每件小事視為一個機會」。

我想，應該就是要有扎實的訓練基礎，以及嘗試探索擅長領域舒適圈外的勇氣。

Q 請問你如何形容科學家及大藥廠之間的關係？

A 美國有一個很著名的銀行搶犯威利‧薩頓（Willie Sutton），當他被問到為何搶劫銀行時，他說：「那裡有錢啊。」

問我為何要跟藥廠合作？藥廠就是製作藥物的地方啊。那是他們擅長的事，如果各司其職，就能加快藥品製造的流程。我很擅長病症識別跟驗證藥品，藥廠擅長製作能夠對抗那些疾病的藥；我們合作得好，病人就能夠更快拿到藥，所以我會跟藥廠合作。

Q 這些藥廠會不會占科學家的便宜呢？

A 我想我們彼此都會互相占點便宜來得到我們想要的。但我只關心，這樣做會不會幫助到其他人；關切的是，能不能幫助今天或是未來的病患。

讓我倒帶一下，如果你看了基利克替藥廠賺的錢，金額大概是 400 億美元，我並沒有從中獲益，但也沒有關係，因為我幫助了許許多多的病患。有沒有從藥廠賺錢，一點都不重要。

倘若是我發明了 Gleevec，應該就會參與分紅，但我並沒有發明這款藥，是製藥公司發明的，我只是告訴他們怎麼做，然後鼓勵藥廠開始做臨床實驗。

Q 可以談談你的家庭狀況嗎？

A 我和妻子有三個很棒的孩子，養了一隻狗和一隻貓。我喜歡盡可能和家人在一起，沒工作時，會去參加孩子們的足球、籃球等比賽，或帶他們去派對跳舞，我們每週至少會聚在一起一次。

希望我走了之後，家人會記得我花很多時間跟他們在一起，他們人生中最重要的事件我幾乎都在場，以及覺得我是一位參與他們人生點滴、關心他們的父親。

我最棒的回憶就是跟家人相處的回憶，今年夏天兒子在加州實習，我跟小女兒花了點時間，到加州迪士尼樂園跟兒子和他女友共度週末，那很棒！很多人在將死之際會說，希望當初多些時間跟家人相處，我希望我不致有這樣的遺憾。

Q 你的小孩都跟你一樣投入生醫研究嗎？

A 沒有。長子正研究音樂產業，做跟生產和營銷相關的事。老二，我的長女，她在科學和數學方面都非常有才華，也喜歡掌管事物，因此希望在商業方面投入更多，她也可能會回到科學研究領域。么女可能會成為醫生或獸醫，她喜歡寵物，非常善於社交，她能夠做任何她想做的事。妻子擅長寫作。我的家庭特質就結合了科學和寫作，所以孩子們的職業可能是科學、藝術或相關領域；但不會成為運動員，因為父母都不是這方面的專家，哈哈。

Q 除了工作，你做什麼樣的休閒活動？

A 我喜歡跑步，最愛其實是騎單車。但我愈來愈老了，承擔騎單車的風險有點不理智，所以改成跑步。

我幾乎每天跑步上下班。家和研究室距離大概四公里，上下班來回共跑八公里，這是一天完美的開始及結束。早上跑步能幫助我專注工作，下班後跑步讓我拋開工作的思緒，專注在家庭上。

到奧勒岡健康與科學大學（OHSU）工作是一個非常好的決定。我喜歡戶外活動，這是我放鬆的方式。在這裡幾乎全年都可以做任何戶外活動，是一個生活和工作都好的地方，而且它當時還有一個發展中的癌症研究中心。

Q 有遭遇過藥廠所作所為牴觸你的信念，讓你感到沮喪的事嗎？

A 1996 年，我和藥廠發表第一篇關於基利克實驗室數據的文章，東尼・杭特（Tony Hunter）提醒我有可能被拒絕刊登，結果被他言中，我希

望我當時能留存兩家期刊拒絕刊登的信，但我沒有。最終在《自然醫學》（*Nature Medicine*）發表了那篇文章，那是在 1996 年 4 月 30 日我生日的那一天。

發表後，藥廠計畫在同年 11 月進行臨床實驗，第一次實驗是一種靜脈注射製劑，通過靜脈連續給藥。這家製藥公司發現所做的動物實驗，藥物會在輸液管尖端產生血塊，並意識到不能在人體以靜脈注射劑型的方式使用，所以退出了靜脈臨床實驗。

接著是另一家公司，這家公司擅長製造藥物，此藥可以每天服用一次，這個方案絕對是好方案。雖然整體比原訂計畫大約落後六個月到一年。但到年底進行動物體內測試時，卻讓兩種不同的動物引起肝毒性，藥廠認為，如果進行人體臨床實驗，可能會導致肝功能衰竭，所以計畫停擺了。此刻令我沮喪，因為我認為我們正處於將藥物送入臨床實驗階段，但突然間，什麼都做不到。

我認為問題在於他們提供藥物給動物，檢查肝酶指數時，已發現肝酶上升了，還一直給藥。我是臨床醫生，當有人肝酶上升，我認為是藥物造成時，就會停止給藥。另外，我平常就必須給癌末病人服用真正有毒的化療藥物，所以這樣的問題對我來說不是問題；但製藥公司的回覆總是「很抱歉，我們無能為力」，並說程序上還無法和美國食品藥品監督管理局（FDA）商談並找出問題，現在什麼都不能做。

於是，我只好繞過他們，直接致電 FDA，跟他們討論這樣程度的毒性是否能被接受，而 FDA 認為其實是可以的。藥廠對於我繞過他們直接匯報 FDA，他們不是很高興，更何況公司內還有前 FDA 官員。最後藥廠的決定是要進行靈長類實驗，也就是進行兩年的非人體靈長類實驗，但等到那時，病人都死了，「而你們竟然要等兩年後才能決定要不要進行臨床實驗？」

後來我打電話給前述公司的前領導人尼克・萊登（Nick Lydon），他

那時已經離職另創立小型生物科技公司。他問我打算怎麼辦，由於當時已取得製藥授權，可以選擇臨床實驗或授權出去，後來我們決定做小規模的第一階段臨床實驗，也可以一步一步授權給這家小的生物科技公司，他們把結果送到公司決策委員會，委員會決定支持這個實驗，那時是 1998 年 6 月。一年七個月後，開始人體實驗，並獲取不少安全可靠的數據，讓我們少等了不少時間。

Q 這是一個很棒的故事。

A 它很有趣，而且是一個好的結尾；其實中間還有兩件事。

一是讓我保持研究動力的是我之前的一位白血病患者。他在病情惡化後接受幹細胞移植手術，但後來還是復發了。他在 1996 年創辦一家網路搜尋引擎科技公司，這是在谷歌（Google）之前、雅虎奇摩（Yahoo）也還沒出現，只有網景（Netscape）的年代。那時，網景是主要的搜尋引擎，他說他會做出比網景更好的搜尋引擎，但他沒有時間了。

他知道我的實驗計畫，問我能不能開始進行？我確實也使用一些他的血液樣本做實驗，結果確實有用，但我必須拒絕他：「我很願意做這件事情，但如果這樣做，會被吊銷執照。」幾個月後他去世了，如果按照計畫臨床實驗，那他可能就是現在的谷歌創辦人了，但也因為這件事情讓我有了無限動力。我該用什麼方式跟製藥公司溝通，才能說服他們進入臨床實驗？讓這些人有共鳴？例如：「病人臨終前還有未完成的夢想，卻帶著遺憾離開。」

二是 1998 年底、1999 年初，那時網路聊天室出現一個新現象，我的慢性骨髓性白血病（CML）患者透過網路交談聊天，這在醫學史上從沒發生過。我在診所說的話，經常稍晚在網上發布。在醫生跟他們說明之前，患者就已經知悉這個臨床實驗，病人之間會互相交換訊息，

我因此接到很多網路聊天患者的來電。這是一個非常了不起、全新而普遍的支持網絡，因為 CML 是相對罕見的白血病，可能他們從未見過其他 CML 病患，但現在可以靠著網路彼此分享訊息，這件事情成為網路技術和醫學的完美融合，也是一種獲取訊息的全新途徑。

患者來找我，必須信任我，治療才會成功，我也更加小心，因為在診所說的內容會被發布在網路上。

Q 在你的工作專業領域上，希望世界如何記得你呢？

A 我希望的形象是「一個很想幫助別人的好人」。幫助別人是一件很重要的事，但是，很多科學家不會被世人記得。如果我們努力的目標是為了讓別人記住我們，這個想法就是錯的。別誤會我的意思，如果每個禮拜都有人寫信跟我道謝，感謝我創作出 Gleevec 救了他們，我會非常感激。

10 年前，有回我談論一項計畫，提到邁克爾・畢曉普（J. Michael Bishop）和哈羅德・瓦慕斯（Harold Varmus）發現第一個致癌基因 Src。對方看著我問：誰是哈羅德・瓦慕斯？我這才意識到：整個世代的諾貝爾得獎者都被遺忘了！

有一天人們會忘記我的，那沒有關係的。

（編按：Src 是第一個被發現會導致正常細胞突變為癌細胞的致癌基因。）

知識錦囊

奈特癌症研究所

　　布萊恩‧德魯克爾擁有多雙慢跑鞋，其中一雙是 Nike 創始人菲爾‧奈特（Phil Knight）親筆簽名的鞋子。奈特贈送親筆簽名球鞋給德魯克爾，是希望擔任奧勒岡健康與科學大學奈特癌症研究所所長的他，持續為終結癌症的醫學發展而跑。

　　奈特夫婦在 2008 年捐了 1 億美元給奧勒岡健康與科學大學「OHSU 癌症研究所」。2013 年，奈特夫婦向 OHSU 癌症研究所下了挑戰，「如果你們能自行募到 5 億美元，我們就捐 5 億美元給你們！」消息一出，世界各地的捐款湧入，包括哥倫比亞運動服裝公司董事長格特魯德‧波義耳（Gertrude Boyle）匿名捐款的 1 億美元。

　　2015 年，OHSU 癌症研究所宣布募款 5 億美元達標，於是奈特將之前許諾的 5 億美元捐給了 OHSU 癌症研究所，該所並改名「奈特癌症研究所」。因此，奈特夫婦前後共捐款 6 億美元。

　　5 億美元的捐款是美國研究機構募集到的最大筆金額，而從 2013 年開始總共募到的這 10 億美元募款，後來用於大規模研究高致死率癌症的早期診斷與治療方法，也協助奈特癌症研究所成為全球癌症研究的頂尖，尤其是對骨髓性細胞白血病的治療，不論慢性骨髓性白血病（CML）或急性骨髓性白血病（AML）都有顯著成果。

　　奈特癌症研究所團隊在 2018 年 10 月的《自然》期刊發表專文，公布長達五年大量蒐集 AML 的樣本與分析，可望為未來相關難治性癌症的研究及標靶治療提供範例。這是繼德魯克爾在慢性 CML 研究有成之後，他在 AML 方面也有新的突破。

　　熱愛慢跑的德魯克爾正帶著奈特癌症研究所團隊往前跑。

Thank you to the Tang Prize Foundation for your kindness, thoughtfulness, and for inspiring the next generation of scientists.

With very best regards,

Brian Druker

Sept 20, 2018

感謝唐獎教育基金會的善意、體貼，激勵著下一代科學家。

布萊恩・德魯克爾
2018年9月20日

約翰・曼德森
John Mendelsohn

獲獎理由

美國MD安德森癌症中心前校長約翰・曼德森博士與團隊進行臨床前研究，開發抗EGFR的抗體cetuximab（商品名：Erbitux，爾必得舒），最終獲得美國食品藥品監督管理局（FDA）核准用於大腸癌與頭頸癌的治療。這是第一個利用抗體抑制受體之酪胺酸激酶活性的標靶治療方法，激勵了許多研究者跟進。

國際公認的癌症研究領導者
——約翰‧曼德森

　　約翰‧曼德森於 1936 年 8 月 31 日，出生於俄亥俄州的辛辛那提。

　　早年，他對自己的興趣和未來職業不確定，本來並不打算學醫，而先在哈佛大學主修物理和化學，1958 年拿到生物化學學士學位。

　　大二那一年，哈佛大學來了一位不得了的新助理教授，這個人是詹姆斯‧華生（James Dewey Watson），他在三年前與弗朗西斯‧克里克（Francis Harry Compton Crik）共同解開 DNA 結構之奧祕，提出雙股螺旋的結構模型，轟動全世界，並且帶動「分子生物學」領域的誕生，他身旁圍繞的盡是當代科學界的佼佼者。曼德森鼓起勇氣敲了他的實驗室門，成為第一個在華生實驗室工作的大學部學生，他在這裡體驗到做研究的興奮感，深深感受到提出假設並發現別人所不知道的事情是何等地新鮮刺激。

　　在華生的實驗室用細菌做研究一年半之後，華生跟他說：「你挺擅長做科學研究，應該去攻讀博士，投入這個蓬勃發展的領域。」雖然曼德森很喜歡做研究，但此時他已經非常清楚，他更熱愛與「人」接觸，想要更直接地幫助人，於是他決定先去學醫，學習人類生物學，未來再將這裡所學應用於人的研究中。志向底定，曼德森於 1963 年以優異的成績取得哈佛大學醫學博士學位。

◎ 早期的研究歷程

曼德森於醫學院畢業後，在波士頓的布萊根醫院（現今布萊根婦女醫院）接受內科實習培訓，當助理住院醫師兩年；1965年起，他在美國國立衛生研究院分子生物所做了兩年研究員，再回布萊根醫院擔任資深住院醫師，之後在華盛頓大學醫學院完成血液學及腫瘤學研究。1970年時，他加入加州大學聖地牙哥分校，最初是助理教授，然而他的驅動力、遠見與人格魅力深受賞識，展現優秀領導人的特質，六年後被任命為癌症中心的創始院長。

曼德森讓加州大學聖地牙哥分校躍上癌症治療研究的舞臺。現今的癌症中心院長史考特·利普曼（Scott Lippman）描述曼德森：「他具有強大的驅動力，持之以恆，積極樂觀，持之以恆地積極樂觀。」他總是有辦法看得比地平線更遠，預測接下來會發生或是該做的事。在那個開拓性的時代，開創性與想像力比遵循前例更重要。

就在擔任院長的這段期間內，曼德森做出了對人類健康最大的研究貢獻，從此為後人開闢一條新的藥物研究方向。

這個發現圍繞著一個關鍵的蛋白質，即表皮生長因子受體EGFR（Epidermal Growth Factor Receptor）。EGFR穿插於細胞膜上，一頭露在細胞外，一頭在細胞內。生物體內有一種傳令兵，負責細胞與細胞之間的訊息傳送，叫做表皮生長因子EGF（Epidermal Growth Factor），當它跟EGFR露在細胞外的那一端結合時，細胞內的那一端就會傳遞訊息進入細胞核，通知細胞要開始生長與分裂。雖然最初發現這個生長因子是作用於表皮細胞上，但後來發現它在體內許多組織都扮演重要的角色。

在1980年的時候，這個蛋白質引起了曼德森強烈的興趣。

第一個原因，EGFR在1980年的時候成功被純化出來，方便用來做研究；第二，自體分泌現象在1980年被發表，證實癌細胞自體可以分泌

EGF 來刺激 EGFR 數量的增加，進而刺激自體增生；第三，在許多癌症中，EGFR 都有過量表現，因此推論這是癌細胞喜歡的蛋白質，也可能是仰賴它傳送生長的訊號，讓癌細胞不斷地增生； 第四，有研究顯示自體自然產生的抗體，若跟受體有結合，有可能產生持久性的生理改變；最後一個重要的原因，則是奠基在 1979 年東尼·杭特的大發現上。杭特發現兩個已知的致癌基因是酪胺酸激酶後，EGFR 也被證明是酪胺酸激酶，因此推測酪胺酸激酶的活性與致癌性或許有關聯。

這時候的曼德森，如同警探，與癌症中心的首席科學顧問戈登·佐藤（Gordon Sato）聯手辦案，根據上述所有線索，他們鎖定了 EGFR 為癌症重要的嫌疑犯，而他們最精采的演出，在於如何把嫌犯繩之以法。

他們提出了一個大膽的假設：如果我們用單株抗體把癌細胞中過量的 EGFR 受體堵住，讓 EGF 無法結合，或許就可以阻止 EGFR 把生長的訊號往下傳送，阻止癌細胞繼續為非作歹。曼德森曾經描述這個機制就像是「用口香糖把鑰匙孔塞住」，讓鑰匙進不去。

如同歷史上很多的先知一樣，他們的想法一開始無法被接受。美國國家癌症研究院將他們的計畫駁回，宣稱他們的想法異想天開、難以接受。用單株抗體來治療疾病，聽都沒聽過。

（編按：相較於體內免疫系統自然產生的抗體，「單株抗體」是在實驗室中製造的抗體，會以高度的專一性辨識特定分子並且與之結合，因此在實驗室中廣泛被使用，進而應用於多種疾病的治療上。第一個被美國 FDA 通過用來治療疾病的單株抗體於 1986 年才核准。）

中央研究院院士及中國醫藥大學校長洪明奇教授，於 1986 年至 2019 年任職於 MD 安德森癌症中心，於 2010 年升為學術副校長，他是曼德森得力左右手兼好友，他說明了當時科學界的看法：

1980 年代，大家對於 EGFR 跟它的配體（EGF）的觀念才剛剛開始。

當時大家都知道，在我們正常的細胞裡面，這個生長因子跟生長因子受體的作用是很重要的，所以會想到如果在一個正常的細胞裡面把一個重要的訊息傳遞鍊阻擋，去做抗癌藥物，大家都會擔心會有毒性或其他不好的反應。但是曼德森當初提出來，是根據他的理論，因為在癌細胞跟正常細胞裡面，剛剛提到的那種作用是差了上百倍、上千倍。所以其實可看出它是定量上的不一樣，而不是定性上的不一樣。

但是憑著信念與持之以恆的積極樂觀，曼德森跟佐藤找到了經費進行研究。雖然單株抗體在現在非常普遍，但是在當時，這項技術還在起步，一共費了三年的時間並且製造了上千個單株抗體，最後在 1983 及 1984 年成功用編號 225 的抗體，分別在細胞實驗與小鼠實驗中抑制酪胺酸激酶受體，進而抑制癌細胞的生長，成為史上第一例，也成為後人的典範。美國國家癌症研究院也從此給與大量的研究補助。

然而從實驗室的成果，到藥廠願意做臨床試驗，仍有很長一段路要走。標靶藥物尚未問世，鮮少人相信抗體可以當作藥物。該抗體歷經一波三折，轉手再轉手，從小鼠的抗體改造成可以施打於人體的抗體並進行臨床實驗，終於在 20 年後的 2004 年獲美國食品和藥物監督管理局（FDA）批准用來治療大腸直腸癌，藥品名稱西妥昔單抗（cetuximab），商品名爾必得舒（Erbitux）。它是第一個利用抗體去抑制受體之酪胺酸激酶活性的標靶藥物。2006 年再獲准用在頭頸癌的治療。

如今，利用單株抗體作為藥物已是普遍的手段，EGFR 更是眾多抗癌藥物針對的標的物，證明了曼德森眼光之精準。

1985 年，曼德森離開聖地牙哥，成為美國「史隆・凱特琳癌症研究所」〔即現在的「紀念史隆・凱特琳癌症研究中心」（Memorial Sloan Kettering Cancer Center，簡稱 MSKCC）〕醫學系主任。

史隆・凱特琳研究所當時是美國排名第一的癌症中心。曼德森在那裡

約翰‧曼德森之子傑夫‧曼德森拿著父親獲得的唐獎生技醫藥獎獎章，心有所感。

約翰・曼德森是教科書《癌症的分子基礎》的資深編輯。

待了 11 年，一改過去外科醫生動不動就開刀的做法，要求「更保守的手術」，運用結合放射治療和化療等方法，來維持癌症患者的生存率，並減少他們的副作用。這樣的醫療政策當時引起不少反彈，但曼德森始終「擇善固執」。

11 年後，令一些同事驚訝的是，曼德森選擇前往「MD 安德森癌症中心」（University of Texas MD Anderson Cancer Center, UT MDA）服務。

其實，曼德森是在一個充滿挑戰的時刻來到 MD 安德森癌症中心。一份顧問報告剛剛建議該中心勒緊腰帶，關閉各部門，因為保險公司當時建議病人到低成本社區醫院就醫。然而，曼德森卻讓 MD 安德森癌症中心蓬勃發展。

◎ 展現卓越領導力

曼德森於 1996 年至 2011 年擔任 MD 安德森癌症中心校長，這是該機構發展最快的時期。現任 MD 安德森癌症中心校長彼得‧皮斯特斯（Peter Pisters）在一份聲明中說：「MD 安德森癌症中心擁有 15 年來由曼德森領導累積的巨大財富。」

接掌 MD 安德森癌症中心後，曼德森的注意力從在實驗室研究和臨床實驗轉移到領導一個機構。在他領導下，私人捐款增長了近十倍，整體收入增加為四倍，空間擴大為三倍，員工和病人人數都加倍，員工逾 1 萬 8 千人，每年服務的患者超過 10 萬人。

曼德森把病人的滿意度放在最高的優先位置上。他簡化電話系統，讓打電話的人只需按一個按鈕就能聯繫到服務的人；僱用更多的放射科醫生和病理學家，以縮短病患等待化驗結果的時間；也制定了讓病人在打電話後四天內去看醫生的政策。

MD 安德森癌症中心的核心價值觀是關懷、誠信和發現，曼德森依此

建立該中心強大的文化。他注重對病人的關懷照護，加強跨部門團隊的合作，並以「殲滅癌症」（Making Cancer History）的強大標語激勵人心。

「他是有遠見的人、一個樂觀主義者，他總是看到各種可能性。他非常擅長把研究從實驗室帶到診所，服務並照顧病人的利益。」曼德森的兒子傑夫・曼德森（Jeff Mendelsohn）如此推崇父親。

此外，MD 安德森癌症中心從原來的德州醫療中心 28 棟大樓發展到 58 棟，該中心其實是屬於德州大學系統的一所大學，授予生物醫學科學的碩士學位和聯合健康學科的學士和碩士學位，也開始接受更多的國家癌症研究捐款，進行更多臨床實驗，還跟美國本土、歐洲、中東、亞洲和南美洲的權威醫療機構建立夥伴關係。

在連續幾年排名第二之後，在《美國新聞與世界報導》的年度醫院調查中，「MD 安德森癌症中心」超越了「紀念史隆・凱特琳癌症研究中心」，被評為美國最頂尖的癌症醫院，這是曼德森擔任校長期間，最為人稱道的成就。

2011 年，曼德森 75 歲，卸任校長職務，轉任 MD 安德森癌症中心個人化癌症醫療研究所所長。2018 年夏天，因罹患癌症之故，從 MD 安德森癌症中心退休，被任命為名譽校長，是 MD 安德森癌症中心的第一人。

《殲滅癌症：美國德州大學 MD 安德森癌症中心的疾病和發現》的作者詹姆士・奧爾森，讚許曼德森是傑出的科學家、創新研究的先驅、深具智慧的領導者。

◎ 捲入了爭議事件

但曼德森在他的校長任內並非一帆風順。

在 MD 安德森癌症中心時，曼德森還兼任兩家公司的董事。2002 年曼德森捲入了爭議事件。傑夫描述，「那個時期，家父面臨職業生涯最大

的挑戰！」

　　傑夫回憶整個過程。他說：「家父是兩家公司的董事，其中一家的執行長因內線交易被判入獄，另一家的高層則因涉及詐欺犯罪而入獄。那些人在背後做這些偷雞摸狗的事情，但家父並不知道，他是清白的。當時有非營利組織批評家父是壞人，那幾年裡，家父的處境非常艱難，家母因為這件事情而非常抑鬱，還得到法院作證等等。過程中家父都保持著沉穩的態度，最後還他清白。我是他的兒子，我清楚知道他是清白的。」

　　曼德森遇到人生的最大挑戰與挫折，卻能保持一貫沉穩的態度，讓兒子傑夫好生佩服。而曼德森重視家庭生活的那一面，更讓傑夫印象深刻、懷念不已。

　　感恩節是曼德森一家的特別節日，家人比較不重視感恩節的傳統故事，反而著重給予感謝和祝福背後的意義。「我們心存感激能有這個機會過有意義的生活，包括跟家人團聚、和好友相聚，彼此聯繫感情、大家一起玩足球。有關於感恩的概念，成為家父生命中的一股強大力量！」傑夫‧曼德森表示。

　　傑夫強調，父親對哲學和靈性等主題非常感興趣，讀過《聖經考譯大全》（*Interpreter's Bible*）以及各種哲學與宗教傳統相關的書籍，他對生活充滿好奇心，對事物有獨到的眼光。他堅守三個核心價值觀：以好奇心探索整個世界、誠心誠意地關心他人、堅守自己的原則，以追求卓越。

◉ 喜愛讀書和藝文

　　講到讀《聖經》，其實，愛看書的曼德森稱得上是「讀破萬卷書」。38 歲開始，他決定每週看一本書，從來沒有停過，直到 2017 年 10 月生病沒辦法再看書為止。從 38 歲到 81 歲，如果用每年 50 本乘以 43 年來計算，起碼有 2,000 本書了，他什麼書都看，包括哲學、小說、傳記和文學等；

每週他都會看《紐約時報》書評推薦的書單，選讀他有興趣的書。

「他是我所有認識的人之中最會看書也看最多書的人，如果他在這兒，他會跟唐獎法治獎得主談法律；他也好喜歡漢學家宇文所安（Stephen Owen），家父很欣賞宇文所安翻譯的中國古代文學作品，他很喜歡讀詩，讀得非常多。」代表父親來臺領取唐獎的傑夫，滔滔不絕地暢談父親的好學不倦與精力過人。

在 MD 安德森癌症中心工作，曼德森雖然忙碌，還是參加了很多藝文和募款活動，更不忘記找時間跟家人相處，有空閒的時候還會去打網球。他幾乎每週都打網球，是一名優秀的網球運動員，能夠在比賽中從 1 比 5 落後，逆轉為 7 比 5 獲勝，他非常擅長處理壓力，不讓當下的局勢跟壓力影響他的心理，當他處於一個充滿挑戰的時刻，似乎更能專注在一件事情上。

「很難想像他是怎麼辦到的，他還擔任休士頓大歌劇院主席，還去環遊世界，他的生活怎麼能如此充實？很少人可以做到這樣子。」傑夫隨之將話題轉到家庭旅遊上。

傑夫讀六年級時，曼德森帶著全家去荷蘭阿姆斯特丹，進行為期六個月的教授休假進修。喜歡欣賞藝術跟音樂的曼德森帶著家人在阿姆斯特丹做深度旅遊、參觀梵谷博物館。

那一年傑夫 13 歲，全家到歐洲旅行，參觀各式各樣的博物館，學習如何去欣賞畫作，了解畫家繪畫的意涵，沿途有一個小比賽，即「猜猜畫作的作者」。到了法國，去學習怎麼辨識不同的哥德式大教堂，包括亞眠主教教堂（Cathédrale Notre-Dame d'Amiens）和巴黎聖母院（Notre-Dame de Paris）等，欣賞這些不同造型的拱門和建築，去感受人類對於創造的熱情。

曼德森總是熱中於尋找最好的作品，早晨帶孩子們到巴黎聖禮拜堂（La Sainte-Chapelle），認真教他們觀察教堂的彩繪玻璃窗及其光影變化。

在傑夫還是孩提時期，曼德森會教孩子們下棋、玩益智遊戲，週末偶爾會帶他們出外露營。當全家人坐在餐桌前，會談論著我們在想什麼跟做什麼，各種主題都聊、各種想法都可講，曼德森會鼓勵大家針對主題做比較深度的討論和對話。

「跟他相處，能夠感受到他帶著好奇心來看這個世界，而這也深深影響著我。」傑夫感性地說：「在他的帶領下，我才能夠帶著好奇心看世界、深刻體驗生活，並跟家人享受這些過程。」

「家父非常有責任感，工作的時間很長，但總是會回家，並沒有因為工作繁忙而忽略家庭事務，我想最重要的一點是他都在家，他非常顧家。」傑夫說道。

曼德森在工作上的忙碌與專注，讓他在醫院管理和癌症研究方面都取得重大成就。

除了在 MD 安德森癌症中心展現他的卓越領導力之外，最近 10 年來，曼德森一直擔任美國癌症研究學會期刊《臨床癌症研究》的創始編輯，以及教科書《癌症的分子基礎》的資深編輯，為期刊和書籍撰寫了 250 多篇科學論文和文章。

他一生獲獎無數，包括：美國癌症研究學會「布歇納爾（Joseph H. Burchenal）臨床研究獎」、「蘭登（Dorothy P. Landon）轉譯癌症研究獎」、「佛蒂（Margaret Foti）癌症研究領導與卓越成就獎」、美國臨床腫瘤學會「卡諾夫斯基（David A. Karnofsky）紀念獎」、「傅爾布萊特（Fulbright）終身成就獎」、「丹‧大衛（Dan David）獎」、「癌症分子標靶治療終生成就獎」、美國腫瘤醫學會「50 周年紀念傑出腫瘤學者獎」、「癌症研究希望基金卓越成就獎」、美國萊斯大學商學院策略管理學會「終生成就獎」，以及「第三屆唐獎生技醫藥獎」等。但他曾經表示，工作以及培養後進，比得獎還更有成就感。

此外，他還獲頒不少榮譽頭銜，包括美國國家醫學院院士、荷蘭皇家

藝術與科學學院院士、位於臺灣的中國醫藥大學名譽博士學位，以及美國文理科學院院士，並獲贈美國癌症學會榮譽勛章。

總之，曼德森既是讓 MD 安德森癌症中心成為全球首屈一指癌症醫院的推手，也是國際公認的癌症研究領導者。

2019 年 1 月 7 日（美國德州時間），曼德森在休士頓家中與世長辭，享壽 82 歲，留下了妻子安妮、兒子安德魯、傑夫和艾利克，以及八個孫子孫女，也留下了無數人對他的懷念與追思。

辭世前的 15 個月，曼德森被診斷出罹患膠質母細胞瘤（Glioblastoma multiforme 或 glioblastoma，簡稱 GBM），這是一種最具攻擊性、死亡率最高和最常見的腦癌。男性得到膠質母細胞瘤的比例比女性高，確切原因至今不明。

◎ 來自各界的懷念

作為一名科學家和領導者，曼德森取得了令人印象深刻的成就，是許多人的榜樣。他辭世之後，各界紛紛表達最深的哀思與懷念。

美國前國務卿詹姆士・貝克三世（James A. Baker III）說：

> 曼德森是醫療界的巨人。他延長了許多受癌症威脅者的生命；他是一位致力於使休士頓成為世界級城市的社區領袖；他是一個一生都在照顧他人的出色人物。

美國眾議員謝拉・傑克遜・李（Sheila Jackson-Lee）說：

> 曼德森對這個世界產生了持久的影響，他鼓舞了許多人。作為一個天

約翰‧曼德森伉儷情深。

生的領導者，他對醫療領域的影響是深遠的。

美國萊斯大學校長大衛・利布隆（David Leebron）說：

隨著曼德森的去世，休士頓失去了一位傑出的領導人，他 15 年的領導，使 MD 安德森癌症中心成為世界上最好的癌症中心。他是我們休士頓很多人的榜樣，我會非常懷念他的智慧和不屈不撓的樂觀。

美國石油大亨布恩・皮肯斯（T. Boone Pickens）說：

曼德森是一位建設者，一個夢想成真的人。……總有一天，我們會成功地戰勝癌症，並將他視為這場鬥爭的真正先驅。

參考資料

• Reeve Hamilton (2011), "John Mendelsohn;The TT Interview," The Texas Tribune. Retrieved from https://www.texastribune.org/2011/05/11/john-mendelsohn-the-tt-interview/

• Katie Thomas (2019), "Dr. John Mendelsohn, 82, Researcher Who Led Top Cancer Center, Dies," The New York Times. Retrieved from https://www.nytimes.com/2019/01/18/obituaries/john-mendelsohn-dead.html

• Ashley Yeager (2019), "John Mendelsohn, Former MD Anderson Cancer Center President, Dies," The Scientist. Retrieved from https://www.the-scientist.com/news-opinion/john-mendelsohn--former-md-anderson-cancer-center-president--dies-65307

- "Tribute to MD Anderson's third full-time president," MD Anderson Cancer Center. Retrieved from https://www.mdanderson.org/publications/conquest/john-mendelsohn.h37-1587468.html

- Making Cancer History Voices® - Oral History Collection, 2012

- Cancer Cell. 2019 Feb 11;35(2):157-160. doi: 10.1016/j.ccell.2019.01.014. Epub 2019 Feb 11. Waun Ki Hong (1942-2019) John Mendelsohn (1936-2019). Lippman SM1, Kurzrock R2.

- Kawamoto T, Sato JD, Le A, Polikoff J, Sato GH, Mendelsohn J. Growth stimulation of A431 cells by EGF: Identification of high affinity receptors for epidermal growth factor by an anti-receptor monoclonal antibody, Proc Natl Acad Sci USA 80:1337-1341, 1983.3

- Gary Robbins (2019), "John Mendelsohn, shaper of UC San Diego's renowned cancer program, dies at 82," The San Diego Union-Tribune. Retrieved from https://www.sandiegouniontribune.com/news/science/sd-me-john-mendelsohnobit-20190123-story.html

- 陳至中（2018），〈如何讓癌症煞車　唐獎生醫 3 得主各有妙招〉，中央社。檢自 http://www.cna.com.tw/news/ahel/201806200076-1.aspx

- 曹宇帆（2018），〈唐獎生醫獎得主曼德森：獲獎意義非凡〉，中央社。檢自 http://www.cna.com.tw/news/ahel/201806200076-1.aspx

- 唐獎，〈唐獎得主，生技醫藥獎，約翰‧曼德森〉。檢自 http://www.tang-prize.org/owner_detail.php?cat=11&id=997

約翰・曼德森之子
——傑夫・曼德森專訪

要找到自己喜歡且有意義的工作

Q 首先恭喜令尊榮獲唐獎生技醫藥獎。請問你會怎麼形容令尊扮演的父親和科學家的角色？他在哪個部分花比較多時間跟心思呢？在家裡或是在實驗室？

A 我要先回答他作為一個父親的形象問題，家父是一個非常正向、樂觀，對生命抱有熱情的人。我一直都記得，他總是能夠鼓勵我並且指引著我，我是因為父親的緣故而愛上讀書，愛上學習跟思考的感覺，並且對世界深感好奇。

Q 令尊開拓了你的視野？

A 是的，這是非常棒的。
家父是位癌症醫師，具有既內斂又不畏挑戰的個性，幾乎從來沒有露出自己的弱點，所以我們很難對父母表露真實的情緒，也不能表現出自己脆弱的那一面，這是我們在家遇到的唯一難處。我不那麼喜歡這種感覺，我想這是比較高成就水準家庭（high performing）大多會有的情況，因為傑出的父母認為世界就是這樣子，不應該表現出脆弱，但

唐獎第一屆生技醫藥獎得主本庶　佑（右），頒發第三屆生技醫藥獎證書給得主約翰·曼德森，由曼德森之子傑夫·曼德森（中）代表領取。

主要經歷

2011—2018	美國德州大學MD安德森癌症中心癌症醫學院個人化癌症醫療研究所所長
1998—2018	美國休士頓生醫科學研究所教授
1996—2018	美國德州大學MD安德森癌症中心癌症醫學院實驗治療學系教授
1996—2011	美國德州大學MD安德森癌症中心校長
1985—1996	美國康乃爾大學醫學院教授
1985—1996	紐約紀念醫院（現今紀念史隆‧凱特琳癌症研究中心）主治醫師
1985—1996	紐約紀念醫院（現今紀念史隆‧凱特琳癌症研究中心）醫學系主任
1985—1990	美國史隆‧凱特琳癌症研究所（現今紀念史隆‧凱特琳癌症研究中心）共同董事長
1979—1985	美國加州大學聖地牙哥分校教授
1976—1986	美國加州大學聖地牙哥分校癌症中心創始院長
1976—1985	美國加州大學聖地牙哥分校血液腫瘤學系共同系主任

獎項與榮譽

2017	美國萊斯大學商學院策略管理學會終生成就獎
2016	癌症研究希望基金卓越成就獎
2014	美國腫瘤醫學會50周年紀念 傑出腫瘤學者獎
2013	美國文理科學院院士
2012	美國癌症研究學會佛蒂癌症研究領導與卓越成就獎
2011	美國癌症學會榮譽勳章
2009	癌症分子標靶治療終生成就獎
2008	美國癌症研究學會蘭登轉譯癌症研究獎
2006	丹‧大衛獎之癌症治療領域
2006	中國醫藥大學名譽博士學位
2005	傅爾布萊特終生成就獎
2002	美國臨床腫瘤學會卡諾夫斯基獎
1999	美國癌症研究學會布歇納爾臨床研究獎
1999	荷蘭皇家藝術與科學學院院士
1997	美國國家醫學院院士
1997	必治妥施貴寶癌症研究獎

對於一個孩子來說，這是比較難理解又不得不接受的事。

但另一方面，他善於理解我們正在做的事情，他會稱讚、欣賞我們，不只是很單純的表面稱讚，而是在深入了解之後的真正讚許，其他人的父母只是說著：「你好棒！你超棒！」但家父會很具體地針對事情稱讚：「喔，傑夫，你處理這件事的行為及方式非常好！」

Q 真是太正面的鼓勵！

A 嗯，這是一個很好的稱讚，家父會針對我們的行為來給予稱讚，我認為這樣的稱讚對一個孩子來說，更能感受到認同，並且，正確的稱讚有助於引導我們做得更好，我覺得這樣才是對的。

我從他身上學到的是，「真正熱愛自己做的事」，他是我們兄弟的好榜樣。他從沒要我們做科學領域相關的事，只鼓勵我們要找到自己喜歡且有意義的工作。

他也是一個非常有原則的父親，做事很有一致性，並且扮演好他的角色，非常激勵我們。他所做的不是講道理，並沒有講出哪些原則或內容，而是傳遞他的生活理念，他對自己關心的事情非常了解，而且知行合一。

Q 他在家裡或待在你們身邊，有沒有跟你們討論過他的研究？

A 他會把我們帶到實驗室。這個實驗室非常有趣，他會展示實驗室裡的技術，還有他在做的研究，更會分享他的工作經歷。在我成長的過程中，我曾經在他的實驗室做了一整個暑假的實驗。

Q 你喜歡嗎？

Ⓐ 我非常喜歡。我喜歡科學，對自然學科也很擅長，我九年級就讀完了大學生物學。我們能理解家父對科學的看法、如何專注於科學研究，以及想運用科學為人類的健康做出貢獻，我們小時候就已明白，那是件非常偉大的事。

Ⓠ 為什麼你要自己創辦一家新的環保公司？令尊有給你什麼建議嗎？

Ⓐ 他的建議一直都是要我找到自己真正喜歡的事情，然後把那件事情做到非常好，他非常強調我們要過一個有意義的生活、找一個有意義的工作，他在我念完高中時給我一本書，是羅洛‧梅（Rollo May）寫的《創造的勇氣》（*The Courage to Create*），這是一本很好的書，內容就是圍繞著家父告訴我們的中心主題：找到你的熱情所在、保持創作的勇氣，並為世界帶來新意。當我在創辦公司時，家父啟發了我很多。事實上，我的公司新葉紙業（New Leaf Paper）就是第一批 B 型企業。2007 年，B 型企業的概念第一次出現的時候，需要一些社會企業協助行銷這樣的概念，所以發起單位就問了我跟其他九個人，於是，B 型企業的第一次公開聲明就是由我跟其他九位社會企業工作者共同發表。我們在 B 型企業希望獲得社會關注時，扮演了非常重要的角色，我們用品牌來激勵其他社會企業加入。這與家父也有很大的關係，我看到他如何激勵人們，他在工作的過程中都能說出美好的願景，這是他能創立癌症中心並領導 MD 安德森的原因之一，他是一位非常鼓舞人心的領導者，能講述不少鼓舞人心的故事，我從他身上學到不少，並應用在我的工作中。

還有最重要的是他的原則和他的堅持，我把他的堅持應用在「新葉紙業」裡面，他能夠把自己 100% 投入在工作之中，這是一個關鍵點，而這個把自己完全投入工作中的承諾，並不是來自於「規定」人們該

這麼做，而是要「激勵」人們這麼做。

作為一個社會企業，我曾經告訴人們，如果你只有投入 90% 的心力就無法實現這個承諾；如果你出售這些產品是為了永續發展，但你還出售其他不環保的產品，那麼它就與公司的理念相違背，這是我從家父那裡學到的重要的堅持。

Q 在某些時候，有一個優秀的父親會讓你很有壓力嗎？

A 我剛剛有稍稍談論到這點，但我也不會拿別的東西來跟這個寶貴的經驗交換，我很喜歡被激勵的感覺。很偶爾，在我們不能分享或是表露出脆弱以及負面情緒時，會讓我覺得有點壓力，因為我們需要時時保持正向樂觀的態度，這是一項挑戰跟壓力。但有趣的是，它也不是一個那麼明顯可以名狀的壓力，我認為它有著更深一層的含意，就像是我總是嘗試著要活得像家父那樣。

我認為唯一的困難點是我總是在要求自己要有表現，這真的是最困難的部分，因為我不能表現出脆弱，更不能被人看見我的脆弱。這其實在比較高成就的家庭中是很常見的。不過，對我的童年來說，這也不像是艱巨的挑戰，我是很幸運的孩子。

Q 令尊贏得了唐獎，請問你在這個榮耀的時刻，有沒有想要分享的？

A 我認為他是一位偉大的科學家，他最大的長處並不是研究理論中的科學，而是他應用科學的能力。但比起應用科學，我想他更是一個有能力吸引多元人才的領袖，並且追求高成就和維持高標準，這些都不是口說無憑的，例如，MD 安德森癌症中心過往的評選多是第二名，自從家父任職後的十餘年，幾乎每年都被評選為第一名，這是一項不簡

單的成就。

他鼓勵人們盡力而為，並且非常善於將擁有不同興趣及專長的人結合在一起，讓他們表現得更好，他不搞政治鬥爭，有些人就批評他不會去競爭而沒辦法得到更好的研究成果。

家父在 MD 安德森癌症中心時，業績比原先成長了四倍，達到了一個他人少有的成就。許多醫院院長都會通過其他管道上任，但家父更贏得研究人員和臨床醫生的尊重。他在經營方面也聘請了一批專家，因此他也得到商業方面的尊重。他能夠與每個人溝通，是因為他能夠講述動人的故事，能夠籌到巨額資金，你可以看到他按照自己的方式過生活，他始終秉持著他的原則，專注的實現目標。

講到爾必得舒（Erbitux），是家父讓這個藥有了不同結果。有趣的故事是，爾必得舒是家父發明的，當時他在加州大學聖地牙哥分校，學校將專利授權給一家當地的生物技術公司，由他們掛名，但他們沒有做任何事情。好幾年後，家父才找經理談：「你要不要把這個授權轉讓？或是你們有打算做些什麼嗎？」後來這家公司同意轉讓授權，家父也找到了接手的公司。

Q 讓一顆藥從科學理論經過實證，再到最後做出成品，是條漫漫長路？

A 這的確是一條艱辛漫長的路，家父必須從政治角力、權力鬥爭中處理這件事情，這是個艱巨的挑戰，但我認為他有能力去實現那個目標，並幫助人們保持正向的態度，和鼓勵人們去做這些事情，後來那家接手的製藥公司賺進了數百萬美元，他們就靠著這個藥物來建立整個公司，而沒有依賴其他東西輔助，顯然，家父發揮了重要作用，但我主要是想強調如何將藥品實體化的過程，科學只是一個起頭，在研究出來之後，他必須花 20 年來實現這件事情。

Ｑ 令尊會分享他所遇到的挫折嗎？

Ａ 家父是個非常正向的人。有一次在歐洲旅行時，家裡的三個男孩坐在後排座位上吵鬧，他忽然在路邊停了下來，然後走下車，等他上車後，他一點也沒生氣，而我們就都想：「哦，我的天！發生了什麼事？」然後停止吵鬧，每個人都在笑。他的態度總是沉穩、正向。在我所有見過的人之中，他是數一數二正向的人，很少生氣，我們沒有看過他情緒激動的一面。我在家裡看到的他總是如此認真積極，就我記憶所及難得看他哭過一兩回。所以當我想哭泣時，會覺得應該忍住的。

Ｑ 你覺得令尊是怎麼保持如此樂觀的態度呢？

Ａ 他是在辛辛那提長大的，在成長過程中，和親人、朋友的關係都很親密，所以他從家庭可以獲得不少支持，他有三個最好的朋友，從小學一直延續到研究所，他們都還有聯絡，他也有一群關係很穩固的朋友，我想這和他保持樂觀的態度有關。

Ｑ 這是一個很重要的支持。

Ａ 是啊，就像我在演講中提到的那樣，我想他很早就學會了該怎麼生活，總是向前看，對過去的決定從不感到後悔；他的生活簡單，也不會對事物有著過度的分析；他非常善於學習新的事物並做出及時的決定；他很早就決定了想要做的事，並一直堅持著。關於婚姻，當他遇到我母親時，他很快就知道她就是他尋尋覓覓中那個對的人，而我的母親當時還在和其他人約會，但也很快就選擇了我父親。

約翰‧曼德森的同事
——洪明奇專訪

他不只是醫學研究者，
更是好的領導者

Q 你與曼德森先生非常親近，請問怎麼認識的？

A 1996 年，他從紐約的「紀念史隆‧凱特琳癌症中心（Memorial Sloan Kettering Cancer Center，簡稱 MSKCC）」到「MD 安德森癌症中心（University of Texas MD Anderson Cancer Center, UT MDA）」當校長，那時我才正式認識他，我們共事二十幾年。但我從學生時期就已經踏入和他相同的領域，因此他在 1980 年初提出那個理論時，我就知道他了。

Q 作為一個同事或朋友或同樣是科學家，你會怎麼描述這個人？

A 他是一個有很多優點的人。他不僅是醫生，又研究科學，同時是一位非常好的領導人物。一位醫生可能是很好的科學家，但不一定是個很好的領導人物，而他是一位很好的領導人。

Q 可以說些例子嗎？

A 他來接任 MD 安德森癌症中心第三任校長時，大家問他：「你的計畫是什麼？」他說他的計畫「就是這裡的癌症中心」，並沒有其他規劃。這好比一個國家的總統想的是國家的利益，而不是自己的利益。他在這裡當校長 15 年，在 2011 年因為年紀因素卸任。

這 15 年來，因為他當初的策略，讓這裡變成很好的癌症中心。他來之前，大部分的第一名都由紐約「紀念史隆·凱特琳癌症中心」獲得，他來之後的幾年，MD 安德森癌症中心就都是第一名。紐約跟休士頓的差別，不是臺北跟高雄的差別，有可能是臺北和屏東的差距。你知道我說什麼？你在臺北做到第一名，但要在屏東做得比臺北還好，沒那麼簡單，而他做到了。現在很明顯的，從各種標準來看，MD 安德森癌症中心大部分的排名都是第一。他不只是一位醫學研究者，更是一位好的領導者。

跟他共事，你會感覺非常自在，你可以跟他有不同的意見，跟他討論、爭論。他也許同意你、也許不同意你，他或許在這件事情不同意你，但其他事情另當別論，不會把公事跟私事混在一起。他在的這 15 年，大家都敢發表意見，覺得對組織好就敢講，他是真正的領導人、很好的領導人，大家都很尊敬他。

Q 他的研究至今救人無數，你如何形容他在這整個領域的貢獻跟地位？

A 在癌症的領域，別人很不容易達到他的地位。他在 1980 年提出這個理論，那時是很難被接受的概念，到現在已成為主流概念。他擅長合作，跟夥伴一起做動物實驗證明，並且提出這個理論：用單株抗體阻擋癌細胞表面的受體（EGFR）與生長因子結合，或許可以抑制癌細胞的生

長。

其實，每次有新的理論出來，普遍接受度都不高，等過了一段時間被證明成功了，大家反過來感謝他。所以第三屆唐獎頒給他們三個人（約翰‧曼德森、布萊恩‧德魯克爾，以及東尼‧杭特），他們三人就是「鐵三角」。

這個理論是拿單株抗體來當作藥物，那時還沒有這樣的做法，現在變成一個很好的方法，不只是用在抗癌，還有更多的應用領域。只要這個疾病與細胞表面受體有關就可以用，包括很多疾病。

然而，就因為他發表這個觀點時，是第一個研究者，缺乏前人成果，所以什麼困難都會碰到，從觀念變成藥，再從藥到動物實驗，再到臨床實驗，到人人都可以使用，這個過程很長，幾乎每個環節都會遇到瓶頸，要不斷去克服。他是先驅者，所以說，中間的每個困難都要認真衝破。

新藥推出來時，很多藥廠不一定有興趣，通常得先從生物科技公司開始，再授權給藥廠，說服他們進入臨床實驗，但臨床實驗有很多的規定，包括發明者就不能是主導人物，但曼德森從旁提供了非常強力的支援。爾必得舒從研發、推入臨床實驗到 FDA 核准，他是從頭參與到尾且都不可或缺的人。

在癌症領域，他從帶領加州大學聖地牙哥分校的癌症中心，到將 MD 安德森癌症中心變成第一，有很大貢獻。今天 MD 安德森癌症中心跟幾十個不同的國家合作，如果把合作的點標在地圖上，會像日不落國那樣。他認為要把我們的經驗跟他們一起分享，然後也得到他們的經驗。這不是每個科學家都可以做到的，他有這個地位、有足夠的洞察力和視野，以及足夠的意願，才能夠做到。

Q 所以他的意志力非常堅強？

A 對！他是這樣子的。你跟他開會，他會從頭聽到結尾，然後再發表自己的看法。很多領導者開會，99% 都是自個兒在講，好像不會去傾聽別人的意見；還有一種領導者，可以開會開到世界末日還沒有結論。但他會綜合大家的意見，加上他自己的觀點，然後做出結論。也許不是每次想法都是對的，但最起碼，他把 MD 安德森帶起來，代表他所做的大部分決定是正確的；有時一件事情會有九人同意、一人不同意，最後往九個人那個方向發展，這在民主國家是常態。

Q 請分享一些你跟他共事時比較屬於個人、讓你印象深刻的事？

A 他來當校長後，有一個新的大樓啟用，要用第一任校長的名字來命名，他請了很多記者，找了五位教授代表擔任後援，他在臺上，我們在臺下協助，然後讓記者提問。當時我代表的是轉譯醫學研究。我認為老闆應該很多事情都不懂，好比一個國家有很多部長，國防部就由國防部長上去報告，所以我準備很多資料，當記者問，他答不出時，我們就幫他。然而到最後，我們五個人坐在那邊一句話都沒有說。所有記者問的，他一個一個回答，包含我的領域，他回答的一些內容，有些連我都還不知道。他真是一位很厲害的領導人。整個記者會兩、三個小時，他站在那邊，都沒有被考倒，就是你問什麼他就答什麼，非常厲害，我非常驚訝。

那時他的家就像大家的家一樣。第一年耶誕派對，從中午 12 點到下午 6 點流水席。受邀的人，1 點到 2 點是一批，2 點到 3 點另一批。剛開始接到新校長的邀請，大家都很開心，互相問來問去，發現時間不一樣。到了他七十多歲的耶誕派對，還整整六個小時站在那邊跟大家聊天，我

們就一批一個小時地輪換，他既可以控制流量，也讓不同領域的人在同一時段相聚。所以他當校長 15 年，不管是哪個領域的人都會在那個場合互相認識，變得像一個大家庭。

我們一開始被邀請，不知道他家在哪裡、不清楚路要怎麼走、要查地圖，雖只待一個小時，但要先計畫到他家外面停車，要早點到。到後來，我們到他家就熟門熟路，什麼時候去都可以，很常去，像自己的家一樣。

Q 他在研究領域裡有這麼多卓越成就，你覺得他成功的關鍵是什麼？

A 我想，興趣很重要，遇到名師也很重要。他大學的時候，有一陣子是在詹姆士・華生（James D. Watson）的實驗室做研究，在那邊學到很多，他們的關係一直都很好，一直到曼德森當校長，華生也常往來。華生可能給他很多觀念，就是那些在天上飛的人（形容很厲害）的觀念，能在潛移默化裡改變一個人。所以說，曼德森遇到名師很重要，再來就是自己的熱情。他對研究如何治療癌症的熱情自始至終，而且每個階段都在提升。後來他在法國，參與一個叫做 WIN 聯盟的計畫，就是把不同的癌症中心結合在一起做臨床實驗。這是他在比較晚期參加的計畫。

Q 他這麼優秀，跟他工作會不會壓力很大？

A 不會，他和藹可親，允許你表達任何意見跟看法。他跟別的校長不一樣，你想講就講，跟他意見不一樣都沒關係。他有他的主見，本來可能會有衝突，但因為他很認真跟大家討論出一個可接受或認同的想法，而獲得共識。此外，他會很認真地鼓勵你，一直鼓勵基層的人都要認真做。

（洪明奇為中央研究院院士及中國醫藥大學校長）

知 識 錦 囊

WIN 聯盟

「非常的遺憾，我們宣布 WIN 聯盟名譽主席約翰．曼德森博士於 2019 年 1 月 7 日去世，享壽 82 歲。」

曼德森晚年積極參與 WIN 聯盟的工作，同時也是初始共同發起人之一。他的去世，WIN 聯盟官網特別在首頁表達哀思與追悼。

WIN 聯盟的英文全名是：Worldwide Innovative Networking in Personalized Cancer Medicine（推動個人化癌症醫學的全球創新網路），是一個個人化癌症醫療的國際性非營利組織。

WIN 聯盟由法國古斯塔夫．魯西研究所和美國 MD 安德森癌症中心共同發起，總部設於法國巴黎，成員包括 39 家世界級的學術型醫療中心、企業（製藥和診斷試劑公司）、醫療支付機構、研究機構、基金會及病患權益組織，分布於四大洲 21 個國家。該聯盟成立的目的是打造腫瘤學方面的全新策略性聯盟，創造創新的藥物開發計畫，並加快個人化癌症治療新藥的臨床實驗和審核，齊心協力為全球眾多病患及家屬提供他們殷切期盼的癌症治療最新進展。

WIN 聯盟每年都會舉行 WIN 專題研討會，透過成員代表的與會，進而建立相互學習、分享和協作的平臺。第 11 屆研討會於 2019 年 6 月 23 日至 24 日在法國巴黎舉行。

I am so grateful to the
wonderful people behind the
Tang Prize for this opportunity
to celebrate with the 2018
Tang Prize recipients their
contributions to the betterment
of mankind - and to stand with
them on my father's behalf.
The spirit of the Tang Prize - to
honor and celebrate innovation is near
and dear to his heart.

2018 Tang Prize Biopharmaceuticals

　　非常感激唐獎的評審團隊給予這個機會，能與2018年的
唐獎得主一同慶祝他們為改善人類社會所做的貢獻，我也代
表家父與他們站在一起。

　　唐獎精神光芒耀眼，也在家父內心深處。

約翰・曼德森之子

傑夫・曼德森

2018年唐獎生技醫藥獎

SINOLOGY

Stephen Owen
Yoshinobu Shiba

宇文所安
斯波義信

唐獎第三屆漢學獎得主

2018年唐獎漢學獎由美籍宇文所安教授及日籍斯波義信教授共
同獲得。宇文所安學養深厚，對中國古典詩文的理解廣泛而精
湛，尤其對唐詩的研究與翻譯十分稱道；斯波義信對中國社會
經濟史見解彪炳，尤長宋代經濟史，每能冶中國、日本與西方
之長於一爐。

宇文所安
Stephen Owen

獲獎理由

哈佛大學榮譽講座教授宇文所安是當代中國古典文學最重要的外籍學者,對唐詩的研究獨步全球,例如2015年完成六卷本杜甫詩集的英譯。這是杜詩第一次完整的外譯,也是中國大詩人全集外譯的初次嘗試。宇文所安對其他漢學領域亦貢獻卓著,他的著作為漢學開創新局,更為東西比較文學理論及實踐帶來突破,視野宏大,貢獻卓著。

追尋內在熱情的漢學家
——宇文所安

14 歲的男孩坐在美國巴爾的摩市立圖書館裡，一首譯自約 1,300 年前的中國古詩，跨過時空攫住他的心。宇文所安（Stephen Owen）用手指滑過每一個字，似懂非懂，詩中的悲淒擊中他柔軟的靈魂。

那是唐朝詩人李賀的一首詩〈蘇小小墓〉：

> 幽蘭露，如啼眼。
>
> 無物結同心，煙花不堪剪。
>
> 草如茵，松如蓋。
>
> 風為裳，水為珮。
>
> 油壁車，夕相待。
>
> 冷翠燭，勞光彩。
>
> 西陵下，風吹雨。

◎ 中國古詩魔力催生的漢學家

即使不知道誰是李賀，沒聽過南齊江南名妓蘇小小，詩的魔力依舊跨越約 1,300 年的時間阻隔，以及不同語言的文化藩籬，直扣心扉。這電光石火的一瞬，就此奠定小男孩一生的志向與未來。帶著所有的熱情，他奔向一個遙遠未知的文化國度。研究中國古詩，就是他此生的志業，永誌不渝。

這人生一瞬，就如此奇妙地帶給世界一位無可取代的漢學家——宇文所安。

充滿武俠味兒的中文名字「宇文所安」，是 Stephen Owen（史蒂芬‧歐文）行走中國文學江湖使用的名字。

這名字怎麼來的呢？

「我自己取的。」宇文所安開玩笑地說，在他讀書的年代，「老師會幫『老外』學生取中文名字，我想那些老師都想捉弄這些可憐的老外，給他們取了極可怕的中文名字！」（編按：指音譯）他以英文解釋，只有「老外」二字用中文說。

「史蒂芬‧歐文！」他字正腔圓念了一遍，「我才不要我這輩子都得用這個可怕的名字！對吧？我不想要一輩子研究中國或去中國工作跟生活時，被大家叫史蒂芬‧歐文。」

他解釋，「我知道『宇文』，那是唐朝一個很大的外族，即鮮卑族拓跋氏的一個漢化姓氏。好，我就想，宇文聽起來挺像歐文的，很適合用在一個古代的『老外』（胡人），這就是今天不存在的古老老外的姓氏。」他說得很樂，得意地笑了起來。

「我也非常喜歡《論語》，尤其是裡面提到『察其所安』的這一段，是我最喜歡的一節。」他認真地背誦起來，字字分明：「視其所以，觀其所由，察其所安。」

宇文所安教授居家留影，身旁架子上有照片和古玩。

美籍漢學大師史蒂芬‧歐文（Stephen Owen）戲稱自己是胡人，為自己取了中文姓名──宇文所安。

宇文所安教授（左）與唐獎教育基金會陳振川執行長（右），一同觀賞懸掛於會議室的〈唐人宮樂圖〉，上面有第一屆得獎人的簽名。

接著他用英文細細解釋起來：「要有意識地理解一個人，就要思考為什麼他會成為這個樣子，觀察他的動機，以及他對於自己的所作所為是否心安自在。」

「我很喜歡『所安』這兩個字，就是人處於 at ease（自在）的狀態。而且我很喜歡像唐朝常見的四個字的名字，所以我想這樣取名應該很不錯，『宇文』聽起來跟歐文很像，而所安是不太像史蒂芬，但也可以啦。」

對這個帶著武俠風的取名創作，「我知道，有些人認為這聽起來很像日本名字，其實它是純正的中國名字，都有典故可考。」

哈佛大學教授王德威表示，宇文所安常幽默地說自己是「胡人（老外）」，取了個胡人的姓氏，也很恰當。這個名字進一步看，寓意「宇宙文章，察其所安」，顯示與天地共鳴的龐大視野。

如今，宇文已成為他的家族姓氏，兒子的中文名取為「宇文成吉」。妻子田曉菲教授的筆名是「宇文秋水」。

回顧當年在巴爾的摩圖書館讀到古詩的撼動，宇文所安說，即使那時不知道蘇小小是誰，但是李賀的詩向來充滿豐富的意象，不論是中文或譯成英文，都無損於直觀的感受：情人騎著寶馬，出現在蘇小小慣乘的油壁車旁。這對戀人即使許下愛情諾言，卻是「無物結同心」；整首詩描繪了愛情與死亡，「西陵下，風吹雨」，此生無法相守，那墓地景象、那摧心的意境是如此優美，是楚辭的浪漫主義與唐詩圓熟詩工的巧妙嵌合。

當然，對 14 歲的小男生來說，不用分析這麼多，他就是直覺：「喜歡，單純地愛這首詩，此外無他。」宇文所安以英文解析他與古詩的邂逅，用中文緩慢吟出心愛的詩句。

「我 19 歲就決定要學習中國古典文學，從高中就打定主意。」

19 歲，正是美國嬉皮精神、反叛文化盛行的 1960 年代。當別的同齡小伙子正四處遊行抗議時，宇文所安一心只想擁抱中國文學。

「我母親是醫生，父親是物理學家，但他們很喜歡人文。」宇文所安

回憶，上大學前，爸媽問他究竟喜歡讀什麼，他們會放手讓他去嘗試。當年美國大學生首選第一外語是西班牙語，而中國大陸正在文化大革命的大動盪中，在冷戰氣氛之下，研究中國文學的學者少之又少，但他決心選了一條冷僻的路。

「1960 年代，我開始規劃往後的人生與志向，當時很少人會選擇就讀『中國古典文學』。雙親沒有對我說什麼。直到後來，家母才說，家父曾問她：『真的要讓孩子去念「中國古典文學」嗎？他會賺不到錢！我們是否打算一生支持他？』」

宇文所安說來雲淡風輕。當我們鼓勵年輕人「追隨你的熱情」時，是多麼熱血，但每一個選擇都有它的代價，例如，選了漢學這條路，永遠不會像走向華爾街那樣飛黃騰達。宇文所安很早就知道這一生的志趣所在，不改其志，得其所安。

他選擇耶魯大學，因為耶魯有研究亞洲及漢學的極佳環境。當他見到指導教授，表明要主修中國古典文學時，教授卻一口回絕：「不，你不能讀這個！」

年輕的宇文所安問：「為什麼？」教授說不行。宇文所安不死心：「我就是要讀這個。」不停地去煩教授，「後來他投降了，因為他快被我煩死了。為了讓我還他安寧，只好讓我讀中國古典文學。所以你知道當時主修這個專業有多困難。」

宇文所安一直覺得自己非常幸運，能做自己想做的事，還可以拿它養活自己。

「父母擔心我無法自食其力，早有了養我一輩子的最壞打算；但我拿到博士，還有了教職！」他一生都對此懷抱感謝：「我竟然能夠自食其力，實屬僥倖！」

宇文所安教授參訪唐獎教育基金會時，與介紹他的卷軸合影。

宇文所安教授將他翻譯出版的六卷本《杜甫詩集》，送給唐獎教育基金會留念。

主 要 經 歷

現職	哈佛大學榮譽講座教授
1997—2018	美國哈佛大學詹姆斯‧布萊恩特‧柯南德（James Bryant Conant University Professor）校級教授
1982—1997	美國哈佛大學東亞系與比較文學系教授
1968—1982	美國耶魯大學東亞系講師、助理教授

獎 項 與 榮 譽

2007—2010	安德魯‧威廉‧梅隆基金會傑出學術成就貢獻獎
2001	耶魯大學授予威爾伯十字獎章
1994—1995	美國學會理事會獎
1991迄今	美國文理科學院院士
1986—1987	古根漢獎
1986—1993	哈佛學會資深會員

◎ 父親啟發：研究要「從小開始」

宇文所安的父親是一位物理學家，常告誡他「聰明不值錢」。父親常說，聰明的人很多，但最終能用聰明創造成就的人很少。他回憶，父親研究物理問題時，總告訴他要「從頭開始」，就是並非從別人的研究成果開始，而是從一個問題的起點開始，把每一個繁複的步驟都要搞清楚。

在巴爾的摩的寓所裡，父親在二樓設了一間書房，宇文所安的房間在三樓，每晚睡前，他經過父親的房間，總看到父親坐在桌前寫著方程式。

小男孩問：「爸爸，你在寫什麼呢？」

父親回答：「我正在寫下這些方程式，要解開它們。」

「沒有其他人解開過嗎？」

「有的。」

「那你為什麼還要把它們寫出來？」

「除非我能自己從頭算出來，不然我就沒有弄懂。」父親如此回答。

宇文所安說，當時他並不了解父親這樣做的用意。直到他到耶魯當教授，他才明白了。

「我總是拿這個例子來鼓勵那些學習人文學科的學生：對於別人的見解，你不該照單全收。你聽見其他人對這件事情的看法及想法，你可以相信，但同時更要能夠自己體會，你或許會有不同的看法。這就是為什麼在學習跟工作時必須一步一步來，也就是從最底層、最小的事情開始，逐漸解析到最上層、最廣闊的意義上。」

宇文所安認為研究要「從小開始」，先從文本的細節開始，可以由細節推理出詩人隱身文字之後的性格與意涵。

宇文所安舉例，官拜尚書右丞且精通佛學的王維，卻在詩作中使用了許多市井小民使用的字詞，是當時長安貴冑極少使用的，甚至可以說是「低俗」的語言，例如〈孟城坳〉的「坳」，貴族是不用的；或是另一首

詩〈欒家瀨〉，當時上流階級幾乎沒人姓欒。王維的詩裡有許多農家、農人的影子，他將這些人寫進詩中，也不排斥使用庶民語言。

宇文所安提及另一位詩人謝靈運的山水詩作，實際上，謝靈運爬山時有很多隨從（兩千餘人），然而，讀他的詩作，卻好像只有他一人登山，詩中沒有別人；相對的，讀王維的詩，就有許多的別人，能一窺真實世界的面貌。

宇文所安的古典文學研究肇始於博士論文《韓愈與孟郊的詩歌》，復以《初唐詩》、《盛唐詩》等唐詩研究為核心，拓展到中國文論、中國文學史、比較文學與詩學等領域。在母校耶魯執教多年之後，1982 年，他轉往哈佛，任教於東亞系、比較文學系。

哈佛大學東亞系的燕京樓，是一棟古雅的西式小樓，紅磚外牆，門前有一對白色石獅子，窗外綠草如茵。樓中有一個排風扇呼呼作響的房間，就是宇文所安的研究室。

朋友這樣形容他：「宇文所安性樂菸酒，心好詩歌。」菸斗可說是宇文所安的代表性物品之一，常見許多他叼著菸斗的照片。他曾說菸斗是他的靈感來源。

宇文所安像個頑童。曾是他的學生、中央研究院中國文哲研究所所長胡曉真形容宇文所安在浩瀚漢學中泅泳，支持著他在文字之海前進的是「找樂子」精神。「如果他不覺得好玩，怎麼能做得下去？他在課堂上、在研究中，永遠都是為了 have fun（尋找樂趣）。他會講出很新穎的角度，我們聽得如痴如醉。」

經過古漢語薰陶數十年，宇文所安在日常生活中，常使用文言文詞語。他的夫人，也就是同為哈佛大學教授的田曉菲說，有一年，他們夫妻回到天津她娘家探親，和岳父母聊得正高興時，宇文所安講到美國的密西西比河，卻說成密西西比川，讓兩老一下子無法會意，愣了一下才想清楚這位洋女婿說的是什麼。

◎ 始終以追隨自己的熱情為樂

將近半世紀的學術生涯，宇文所安共出版 15 本包括選集、專著和翻譯作品。每一本書籍問世，都在中西漢學界引起廣大迴響。德國著名漢學家顧彬盛讚宇文所安是美國漢學界第一人。

「就像一段感情，花時間經營才會長久。」宇文所安以「愛上」比喻他對漢學的熱情，他說，就像人談感情也會錯愛，犯了錯才知道自己為何喜歡；做學問也是，透過學習知道如何正確解讀後，習慣慢慢成自然，也就再也分不開了。

追隨自己的熱情，自得其樂在其中，就是宇文所安學術生涯的寫照。在他對詩的解析裡，總看到別人沒看到的古怪角落與詼諧視角，讓中國古典文學變得不那麼嚴肅與遙遠，甚至可親了起來。

所以，當他石破天驚地向世界宣布：「唐朝愛國詩人杜甫是個古怪幽默的傢伙！」也就沒那麼讓人跌破眼鏡了。

八年、六大冊、四公斤、三千頁、一千四百首詩，這是宇文所安畢生心力投注的《杜甫詩集》（The Poetry of Du Fu）的關鍵數字。這是 2016 年，他出版的譯作。他以八年時間埋首翻譯唐朝詩人杜甫近一千四百首流傳於世的詩作，譯作重達九磅，約四公斤，三千多頁，分成六大冊出版。這是英文世界第一套完整收錄杜甫作品的巨作。

「如果你必須和某人纏鬥八年，那他最好是你非常喜歡的人，能讓你興致高昂，整天和他常相左右。」在唐朝眾多詩人中，宇文所安難掩他對杜甫的情有獨鍾。因為在他看來，杜甫就是他眼中那位極其幽默、有點古怪，會讓他願意花上八年歲月，在不同文明中尋找的最適合的文字橋梁，他也讓這位約 1,300 年前的中國詩人在英文世界中再活一次。

「歷史所有詩評家全錯看了杜甫！」宇文所安奮力為杜甫辯解。

是的，杜甫的確像我們教科書中說的，因為國事蜩螗，憂慮世局，而

寫出〈春望〉這首五言律詩：「國破山河在，城春草木深。感時花濺淚，恨別鳥驚心。烽火連三月，家書抵萬金。白頭搔更短，渾欲不勝簪。」或是看著奢靡無恥的皇親國戚，悲憤揮筆寫下七言長篇古詩《麗人行》，把楊貴妃一家的驕縱橫行作了大膽諷刺與深刻揭露。

「但是，很多人不知道，杜甫有一半時間都在開玩笑，同時非常努力在他的工作上，我很喜歡那樣的他。」宇文所安說，「我下苦功，也從中找到樂趣，詩聖杜甫對我的研究態度影響很深。」

宇文所安眼中的杜甫，是「中國文學史上，首位在詩中寫到豆瓣醬的詩人」，而且詩裡還寫了烏骨雞、杜家晚餐吃什麼菜色。

「在他和家人搬到成都的時候，他還得安好新屋子，然後寫詩跟別人要果樹和陶器。以前可沒有人寫過這種詩。」宇文所安談起杜甫，如數家珍：「他還有一首詩讚美他的僕人信行非常能幹，修好了屋子裡的汲水設備。」

「這是一首很棒的詩，內容關乎生存於真實世界的喜悅與發現，而不是生存於曲高和寡的詩人世界。」

此外，杜甫的詩有描寫醬油的，也有把拆除瓜棚這種日常瑣事拿來與商朝滅亡對比的。這對宇文所安來說，詩人逗趣的性格，讓他埋首鑽研八年，卻似渾然不覺時光倏忽而逝。

「談論詩的內容什麼能寫、什麼不能寫時，杜甫總是被遺忘，但多年後詩人們回過頭來才發現，『這才是我們讀過最好的詩』。」宇文所安說。

撇開他對杜甫的喜愛不提，翻譯杜甫的作品確實讓他吃了不少苦頭。宇文所安解釋，唐詩沒有時態，也很少使用代名詞，幾乎沒有可以拿來分辨單數或複數的方法。比方「鳥飛空」，究竟是「一隻鳥在天上飛」，還是「一群鳥在天上飛」呢？

當年，年近七旬的宇文所安隻身與這些「讓人抓狂」的事纏鬥八年，只在譯作完成後請一位研究生幫忙校稿。儘管中間有好幾個學期不用教

課，但他的生活仍是不停又不停地工作。他解釋：「耗時八年之久，絕對不是因為我偷懶，而是杜詩實在太難翻譯了。」

他苦心孤詣譯出的《杜甫詩集》，雖然精裝版一套要價 210 美元，但是也在線上提供免費 PDF 全文閱覽與下載。

宇文所安認為，文學傳統就好像神話裡的寶盒：你把其中寶藏給予愈多的人，你就會同時擁有更多別人的寶藏。反之，假如你想把這個寶盒鎖起來，說「是我一個人的！」那麼，它就只是一個空盒。

宇文所安送給唐獎教育基金會的紀念禮，就是他在 2016 年出版的杜甫詩英譯全集六冊；此詩集開啟了西方讀者進入杜詩世界的大門。

宇文所安於 2018 年 4 月從哈佛退休，上百位中國大陸、臺灣、日本、歐洲等地的學者不遠千里出席，向他的榮退致意，可見宇文所安在漢學研究領域的大師地位。

但他仍像頑童地說：「實際上來說，我是在六月退休，因為那時候哈佛才停止付我薪水，哈哈！」

與宇文所安相識多年的華裔學者孫康宜寫了首律詩，祝賀老友退休與獲得唐獎的殊榮：

雙喜──祝賀吾友宇文所安

──恭賀宇文所安榮休，並獲唐獎之漢學獎

吐霧吞煙吟劍橋，
唐音北美逞風騷。
癢搔韓杜麻姑爪，
喜配鳳鸞弄玉簫。
舌燦李桃四十載，
筆耕英漢萬千條。

感君助我修詩史，

恭賀榮休得嬉遨。

　　這是對宇文所安實至名歸的讚譽，但他之於最愛的古典文學則是退而不休。

參考資料

- Ahilya Khadka (2016), "Professor First to Translate Chinese Poet's Complete Works," The Harvard Crimson. Retrieved from https://www.thecrimson.com/article/2016/4/21/professor-translates-chinese-poet/

- 白之衡（2016），〈耗時 8 年，漢學家宇文所安交出重達 4 公斤、1400 首的《杜甫詩集》譯作！〉，閱讀最前線。檢自 https://news.readmoo.com/2016/04/20/the-poetry-of-du-fu/

- 陳至中（2018），〈唐獎漢學獎　日美兩學者共享〉，中央社。檢自 http://www.cna.com.tw/news/ahel/201806200076-1.aspx

- 劉功虎（2015），〈美國漢學家宇文所安──中國古典文學並非中國獨家所有〉，長江日報。檢自 https://read01.com/P52OJk.html

- 唐獎，〈唐獎得主，漢學獎，宇文所安〉。檢自 http://www.tang-prize.org/owner_detail.php?cat=12&id=1005

宇文所安專訪

前人的智慧　令人感同身受

Q 你對中國古詩詞的好奇，起源於唐朝詩人李賀寫名妓蘇小小的詩。請問，你 14 歲第一次讀到這首詩，那時是否完全不知道蘇小小是誰？為什麼你被這首詩感動了？

A 當時，我的確不知道蘇小小是誰。

有時人們會很驚奇我是如何讀得懂唐詩的，而我在這方面的確滿擅長的！

我認為，一首好詩能夠以普羅大眾的角度讓人了解與欣賞，其中一定包含了很多背景知識和專業知識。

當你跟其他人解釋一首詩真正的意思時，人們會有一些特別的感受，跟他們從小所學的不太一樣，譬如〈蘇小小墓〉這首詩，就是一個很好的例子，它會跟你期待的有點不一樣。感動有很多層次，你會對一些平常卻具體的內容感動，當愈了解它的意涵，就愈會感受它豐富的精神內涵，而使你越發探求；在探求過程中有個平衡，這個平衡會讓你邀遊其中而怡然自得。

Q 對當時是一個小男生的你來說，為何能夠對李賀寫蘇小小故事的詩有這麼深的感觸？

A 隨著閱歷的成長，我們對人生會有不同的體悟。讓我說一個華人學生學習的例子。學生背誦這些詩詞，是因為覺得這些詩聽起來很棒，但如果問詩的內容是什麼，他們就說不出來了，等到長大以後才能了解其中的意涵；年紀再大些，更能深刻地體會詩詞背後的感慨。這代表了解是有很多不同的層面，而且不同年齡會有不同的感受及體悟。

像我十四、五歲讀的某些詩篇，當下可能很喜歡，但現在可能都不會再看一眼；有些詩篇一開始不喜歡，後來重讀，發現感覺變了。有些詩必須到某些年齡才讀得懂，這就是文言文詩迷人之處。不論現在你是小孩、即將出社會的年輕人、成熟的中年人，或是邁入退休的老年人，每個時期都會有適合你讀的詩。

〈蘇小小墓〉這首詩所描繪的意境、畫面，是如此的優美。當然你不需要一開始就都知道這些，但你接著學到這裡面的意涵，開始欣賞每一段優美的詞句，然後就有愈來愈多、愈來愈深的感觸。

這是少數幾首可以輕鬆翻譯的詩篇，不論是閱讀中文或是英文的版本，都能好好享受讀詩的樂趣，那是因為此詩非常具有意象，可以讓你聯想出畫面，但如果是翻譯杜甫的詩，那就很困難了。

Q 你花了很多心力研究唐詩，為什麼選擇唐詩呢？

A 我幾乎對所有不同的文體都研究，但主要研究唐詩。這是一種社交媒介，人們可以分享詩歌。唐詩訂下寫作規則，讓後人遵循，寫作的方法是一層一層堆疊發展出來的。唐朝還沒發展得很完全，當時的詩人從文字風格與內容凸顯個人特質。

當時也有「社群媒體」傳播這些詩詞！詩人結社寫詩，互相分享詩作並且彼此回覆，這是一種非常社交的媒介，人們可以由此分享詩歌。唐朝詩詞也為後來的文學創作打下基礎。

Q 古代詩人在不同場合寫詩，抒懷也誌記重要事件。你也會如此嗎？

A 是的，我作詩，但現在詩歌已經無法像唐朝那樣作為社交媒介使用了，因為感覺不一樣。過去一群詩人聚在一起，能夠彼此輕易地、愉快地寫詩送給彼此。現在寫詩給對方沒像那時那麼有趣，反倒像藉此來展示自己很聰明且學識淵博。

創作詩詞的意義不是比較你有多聰明或是學得多，這樣就失去創作詩詞的初衷，不再有詩詞創作的精神了；有很多東西表面上相似，但裡層涵義卻完全不同，如果作詩這件事像古代那樣，能夠享受其中，沒有那麼多的壓力跟規則，我會試試看。

Q 你寫押韻的詩詞作品嗎？

A 我寫過，但不常寫。如果你像我一樣研讀 50 年的古詩，就不會對我會寫詩感到驚訝了。有時一些年輕的華人學生來找我，上了我的課，他們會用一種很吃驚的表情看著我說：「你不是華人，你怎麼懂得欣賞唐詩？」我就會說：「我從你爸媽還沒出生時，就開始讀唐詩了！」

Q 你提到杜甫的作品非常難翻譯，可以談談其中甘苦？

A 杜甫的作品是非常難翻譯的。

杜甫是一位偉大的詩人，我很喜歡他，也翻譯他的作品。翻譯他作品

的難處，在於他跟其他詩人的語言表達方式不一樣，很多漢學學者並不知道其中的緣由，因為他們不熟悉這樣的用法，也就不知道杜甫實際想要寫的是什麼。

如果熟悉杜甫遣詞用字的表達方式，會發現他對文字的用法有一種幽默感。有關杜甫最早的一篇評論，出自杜甫死後十年出現的一本選集，該選集說讀杜詩覺得他是很有趣的詩人；杜甫有大雅之作，也發表詩歌，有時也發表嚴肅的作品，但大部分的人都覺得他非常機智幽默，我覺得用機智來形容最為恰當，就像莎士比亞是一位很機智的作家。

詼諧和大雅之作總是在一起，杜甫的作品所討論的面向很廣，這就是杜甫詩作的魅力所在，也是杜甫作品難以譯好的原因。

我喜歡接受挑戰，也喜歡了解詩人的想法。人們不太相信杜甫是個有幽默感的人，但我認為他是唐代最有趣的詩人，我可以保證。

Ｑ 我們都覺得他的詩充滿了愛國情懷。

Ａ 他有很多詩充滿愛國情懷，也有很多詩憂國憂民，但他的詩也有很多跟吃的有關。為什麼我要翻譯所有的杜詩？為的就是讓人們可以看到杜甫不僅僅是那個刻板的儒家。這樣人們就不會只覺得杜甫是一位嚴肅的詩人。像他的一首作品，內容是關於他建了一個雞舍，他養雞是因為要吃雞肉，他需要烏雞，我保證在中國文學史上絕對沒有人寫過烏雞。

（編按：杜甫詩〈催宗文樹雞柵〉：「愈風傳烏雞，秋卵方漫吃。」烏雞即烏骨雞。）

這就是唐詩，盛唐時期的詩。他生病需要吃烏雞補身體，就把蛋孵了，於是有了一百多隻雞，牠們到處跑……。我想杜甫也是第一個談到「雞

屎」的詩人，他說因為不能忍受家裡到處都是雞屎，所以需要建一個
雞舍。

看了之後才明白，這是首諷刺唐帝國統治的政治詩，我想是在談玄宗
時期節度使的制度，戰爭打入首都而玄宗被迫出京，節度使卻沒來救
駕。杜甫與其雞的情況，猶如玄宗和無法掌管的節度使，所以他就蓋
了一個雞舍，將牠們隔開。詩詞並未明顯表現政治信息，但內容的確
是政治語言。這與人們印象中的杜甫形象截然不同。我們又該如何看
待這樣的詩呢？

清朝以前的評論者都還滿喜歡這首詩的，但清朝的評論卻覺得這首詩
糟透了，杜甫怎麼能寫出這種東西？這就是清朝對杜甫的看法。在清
朝，大家都只想打安全牌，寫些安全的作品。

Q 在我國，學校課本有李白跟杜甫的選詩，老師會說李白比杜甫有作詩
的才華，李白是「詩仙」，杜甫是「詩聖」，一個是仙人，一個是凡人？

A 我知道這個狀況，在中國，人們讀唐詩有既定印象。如果讀一首詩，
已知道它的內容跟意涵，就無法真正讀這首詩。我們不應該只讀一首
詩，就認為「杜甫就是這樣、李白就是那樣」。

你可以輕率地認為杜甫是虔誠佛教徒，並用選集來證明這件事，比如
杜甫有很多詩是講述佛教，於是就說杜甫是唐朝偉大的佛教派詩人，
還展示很多詩來證明這種論點，其實這種方法是挺不可靠的。

他們選擇特定的詩篇來呈現杜甫的寫作風格，甚至做出結論說杜甫就
應該是這樣的。但杜甫也有其他風格的作品，像是描寫生魚片的詩作。

杜甫喜歡吃生魚片，也寫關於鰻魚的詩篇。有一次告訴太太要做鰻魚
料理，就寫今晚有三條鰻魚，煮一道料理，而且他用了「朕」這個字
告訴太太做鰻魚晚餐。

過去只有皇帝可以用「朕」這個字，在唐詩中通常不會使用這個字。
杜甫卻用這樣的自稱來跟家人互動，從這點可以看出，他確實很有幽
默感，如果你看見這樣的杜甫，會更喜歡他。

這中間涉及的議題更廣，包括從中可以了解中文詩存活的原因，看見
中文詩的特點、該朝代人民對社會的期待。例如唐朝跟清朝民風相差
甚遠，兩個時代人民的喜好也不同。

所以跳脫選集，就可以看見不一樣的杜甫，對杜甫詩詞的解釋也會有
所不同，透過不同的角度去欣賞，能夠看見一個人道且機智幽默的杜
甫，有時也會看到一個生氣憤怒的杜甫。

Q 所以，我們可以看見杜甫的不同面向？

A 不同面向的杜甫很棒！他會談很多。喔，天哪！他很討厭吃莧菜。我
是挺喜歡莧菜的。他描寫莧菜是很糟糕的蔬菜，不斷形容莧菜多爛，
讀這首詩的時候你會忍不住大笑。

（編按：杜甫〈種萵苣〉中提及「野莧迷汝來，宗生實於此。此輩豈
無秋，亦蒙寒露委。翻然出地速，滋蔓戶庭毀」。還有「莧也無所施，
胡顏入筐筐」。）

這樣的風格顯示出了杜甫另一面向的優點。我們都欣賞莎翁的作品，
會覺得他的內容有些很嚴肅，但有些也很機智、幽默或是很令人捧腹
大笑的。

Q 最近我國正在爭論學習古文與白話文的比重是否需要調整。你對此有
何看法呢？

A 我知道這個事情。如果有好的老師和課本，授課生動活潑，那就可以

好好教古文；如果授課平淡呆板，那還是只教白話文就好。不應強迫學生學習哪些內容，如果沒辦法讓人樂於學習古典文學，就不要這麼做。這是個極大的挑戰，不只是談能不能做這件事情而已，還要找到教學生的方法！

其實中文的行文非常優美，如果向年輕人展示，他們會喜歡。

我們要先有一批會授課的好老師，懂得欣賞文章，並把這些內容教給學生。特別是以中文角度來欣賞這些作品時，就會發現這是一項傳統藝術，可惜現在接近失傳了。

西方也有同樣的狀況，如果回到伊莉莎白一世時期，那時的作品令人讚嘆，會讓你感同身受，感覺非常親近。但這樣的作品再也沒有人寫出來了。

語言，現今運用的方式不一樣了。過去的語言，就像我們的祖先或祖父母，很熟悉可親，但他們代表的也是一個遙不可及的世界。所以我認為對「傳統」的概念是，你理解它、你能感受它的深度和美麗，但你不必假裝坐下來寫一篇古典詩歌，才能證明你的理解。

真正有意義的是，對於詩中所想傳達的感受，要能去理解其中意涵。

如果教得好，這些文學作品就會被保留下來。如果我們教不好，包含我在內，文學作品就無法被留存。

在臺灣或大陸，老師不一定要在意這些，不論學生喜歡什麼，課本上的都要教；但在美國，如果學生都對我上課的內容不感興趣，就收不到學生，哈佛大學就沒辦法開授漢學領域的課程了！「當然這是我跟田教授沒有好好上課的結果。哈哈！」

Q 但有些人認為古典中國文學在現代社會不太有用？

A 文學無用？其實所謂無用的學科還是很重要的，這就是傳統存續下來

的原因。

歷史未必能活靈活現，然而，當你閱讀詩詞、散文作品，就會感覺它們是真實存在的，是歷史留存下來的東西，這些東西是活生生的，你能夠強烈感受到這些文字想傳達的內容，雖未必能完全駕馭。

不是所有的東西都是所謂實用的，有些內容到了 40 歲時才覺得有用，有些在 80 歲時就有所感悟。我總是告訴我的學生，你現在可能不喜歡這些東西，但等到有一天你到華爾街工作，賺很多錢、生活過得很無聊，你可能悔不當初為何沒好好學到這些知識？為什麼只是花時間賺錢，然後搞得自己不快樂，該怎麼做？這就是為什麼需要透過學習，找到感興趣而且 20 年後還是很喜歡的事物。

Q 在你的研究生涯中，是如何持續研究唐詩這麼久的呢？

A 我不只研究唐詩，還研究宋詞呢。其實我不只做研究，我還教學、做一些行政工作，所以當有空坐下來寫作、思考或研究一些資料時，會非常開心，做研究比較像度假，那就是我持續研究的動力來源。

Q 當你回憶起過往，你覺得什麼是你人生中最快樂的事情呢？

A 我不知道，這是一個無法回答的問題。我人生中發生了太多事情，好的事情、難過的事情都有，而我的人生還在繼續……。

我退休時，他們舉辦歡送會，學生都回來參加，我才發現我有這麼多學生！其中很多位學生現在都是美國漢學領域的佼佼者。你知道，隨著歲月流逝，有些學生也已經有些年紀了，看到他們，我就覺得很有成就感。我為這些學生感到自豪，他們不是所有的人都研究詩詞，各有不同的研究領域。

Q 對於追求學術研究的年輕學者，你有何建議？

A 我會說，你要做你喜歡的研究，做泛泛的學術研究並不是明智的選擇。因為如果不是真正喜歡這項學科，會過得很痛苦。就像我先前提到的建議：你必須把這些智慧變成自己的。
另一個建議是，如果你是在教導別人，那麼在教學過程中必須思考和理解他人寫下來的作品，透過思考的過程，你才能真正理解它。

Q 或許你已經被問很多次了，在獲得唐獎漢學獎後，你有何感言？

A 獎項的用意並不是要讓人們彼此競爭，而是要讓人們思考這個研究領域的重要性。其中，研究什麼方向是很重要的，還有，他們做了什麼研究？所以這個獎項對人們有正向的影響。我認為斯波義信博士得到這個獎是實至名歸，因為是他整頓並團結了整個漢學領域的研究。

Q 你對我們的讀者有其他意見和反思嗎？

A 希望欣賞中國文學作品對每個人來說，都會是一種享受。這並不只是一項拿來做研究的學科，也不應該只有學生要學。凡是看得懂中文，尤其是有中華文化涵養的人，就應該能夠從中讀到不少前人留下來的智慧，以及令人感同身受的內容。對於年輕學者，就應像我之前說的，「如果喜歡，你就去做。」

知 識 錦 囊

哈佛校級教授

　　宇文所安不僅是耶魯大學文學博士、美國人文與科學學院院士，也是哈佛大學「詹姆斯‧布萊恩特‧柯南德校級教授」。「校級教授」是什麼意思呢？

　　原來，歷史悠久、名聞遐邇的哈佛大學有一個校級教授（University Professor）的制度。這個制度始於 1935 年，由哈佛大學校董委員會創建，將此榮譽銜授予「有傑出表現的個人……奮戰在知識的最前沿，並突破了傳統觀念的術業有專攻。」

　　換言之，校級教授是哈佛大學最傑出的專業領域職位。隨著學校捐贈基金增加，校級教授的數量也有增長。2006 年共有 21 位校級教授，現在 24 位。

　　比較特別的是，每位校級教授頭銜的前面都會冠上另一個人名。以宇文所安為例，冠上的是詹姆斯‧布萊恩特‧柯南德（James Bryant Conant），柯南德曾任哈佛大學校長及美國駐西德大使，是化學家、政治家和教育家；校級教授頭銜的前面冠以人名，具有紀念與傳承的意涵。

Sustainability is essential for our environment, but it is also important for a culture. To go into the future, we must em remember who we have been. If we forget that, we is no longer know what we are. For a culture to survive, it must change in order to link past and present. This is the duty of the future, as it is the duty of the present.

Stephen Owen
Taipei, September 20
2018

　　永續對我們的環境、文化至關重要。瞻望未來，必須記得過去的我們，若是我們忘記了過去，也就不再了解我們是什麼。它必須改變才能將今昔相接，才能保留文化。這是未來的責任，更是現在的任務。

宇文所安
臺北，2018年9月20日

斯波義信
Yoshinobu Shiba

獲獎理由

日本「東洋文庫」文庫長斯波義信教授是國際著名的中國社會經濟史學家，也是當今國際漢學界中，能夠將中、日、西學術的精華完美結合為一體，從而在漢學研究方面達到最高境界的學者。他的研究領域包括中國地域史、經濟史、都市史、華僑史，讓外國人對東亞的文明發展有深入的認識，也為變動中的全球化世局留下應對之道。

選擇一條人煙稀少的治學道路
──斯波義信

我走了人跡較少的那一條路

> 流水年華前行處，
> 輕聲一歎訴衷情。
> 黃樹林裡道分歧，
> 只因宿志擇蹊徑。
> 雖然孤獨收穫豐，
> 此後人生大不同。

── 佛洛斯特（Robert Frost），〈未行之路〉（*The road not taken*）

　　日本「東洋文庫」文庫長斯波義信（しば よしのぶ）是個嚴謹的人，不論待人、處世或治學，都一絲不苟，謙遜有度。

　　於「唐獎週」來臺受獎期間，斯波義信到臺南市參觀水仙宮跟安平古堡，有關古蹟的歷史典故解說牌，一般人大多隨意瀏覽，但斯波義信嚴謹

地對待每一個解說。他彎腰，湊近，仔細研讀，慢慢走，緩緩咀嚼各式資訊，欣然有味。

他對身旁事物，不論巨細，都有一樣的求知熱忱，學習研究如同他的生命原力。

「我是一個到處走動的學者。」在一次訪問中，斯波義信如此形容自己。他瘦小的身形裡，充溢著鋼鐵般的意志，支持他守著冷門的中國商業史，六、七十年如一日，從未動搖。

◎ 自幼埋下研究中國史的種子

有關研究中國史的種子，或許在斯波義信還是小男孩時期，就已播下。

他記得，母親那邊的親戚有位學者，在 1940 年代常到中國上海實地考察跟研究。每次回到日本，到斯波義信家走動時，總是分享在中國所看到的趣事與社會觀察；甚至組了一個到上海實地研究的調查團，斯波義信從很多學者赴上海考察一事，領悟到實地考察的重要性。

「從小耳濡目染，看到一個社會學家可以透過實地調查，了解不同社會的很多東西，非常羨慕。」斯波義信說，這奠定了他對社會學科的憧憬。

斯波義信上高中的時候，非常傾慕教授德國經濟史的老師，加上他也修習德文，一度立志想研究德國史或德國經濟史。當他進了東京大學，他還是想做歷史研究，對於是否選定德國史，他徵詢父親的意見。父親為他分析，如果要研究德國史，一定要前往德國才能深入；但同樣研究德國史，在獲取及消化德文文獻資料的能力上，肯定沒有德國人的先天優勢。

聽了父親的建議之後，他想：「有哪個國家的文獻資料，是我相對熟悉、又有優勢的呢？那就是中國了。」日本人原本就大量使用漢字，對於中國的古書、古文自有一套解讀的方式；尤其對日本人來說，讀中國古文

是成為有教養文士的基本訓練，而不是從頭學習完全陌生的外語。

斯波義信於 1953 年畢業於東京大學文學部東洋史學系，1962 年取得博士學位。在日本做研究的初期頗受波折，最後才回歸東京大學母校任教。

「我選擇的研究領域是『中國古代的商業史』，這是一個反潮流的題目，非常不被看好。」斯波義信回想研究生涯那段最艱困的時期，當時中國大陸正遭逢文化大革命，而當地學術界對研究資本主義的商業史帶有歧視的眼光，而選擇研究中國社會經濟史，更被視為是與時代不符的異類。

最初的學術之路，斯波義信走得既孤獨又艱辛。

「但再怎麼寂寞，沒有掌聲，我還是堅持，從沒想過改變我的研究題目，在這個崗位我堅持了六、七十年。我想，這可能是我獲得唐獎的原因吧。」斯波義信如此理解。

斯波義信就讀東京大學期間，學者加藤繁和仁井田陞在中國古代法制史研究上已奠下重要的基礎。他們注意到中國行政法、刑法等公法秩序，自古就很發達；關於交易、產權等經濟活動的私法規定，也早在日常生活中成形，所以研究者必須同時掌握兩者，才能從法制背後透視社會的變動。此一觀點，斯波義信深受影響。

◉ 《宋代商業史研究》 奠定國際地位

在加藤繁的高足周藤吉之指導下，斯波義信譯注《宋史‧食貨志》，運用《宋會要輯稿》等新資料考訂、印證，為日後研究宋代經濟史奠定深厚基礎，並成為日本漢學界的代表人物之一。

在斯波義信之前研究中國史的學者，大多從政治、軍事的角度切入；但他從經濟、社會活動著手，開啟了不同的學術風景。他同時擅長從複雜史料中抽絲剝繭，尤其喜愛研究地圖。他的許多研究都是從看似微不足道

的地方志獲得靈感，以高度耐心細讀、再從地域角度解讀，終能架構出前人所未見的獨到觀點。

例如，他對宋代的內河及海船的大小，收集了十多種材料，建立起宋代水路貨運與商務的初步理解模型，這是前人未注意到的角度，也是沒有人耐得住性子做的研究苦功。

以《宋代商業史研究》這本經典著作為例，他大量利用官方史料、地方志、私人文書，來梳理宋代商業發展及其對社會的影響；同時考察宋代交通、全國市場、城市、市鎮及商業組織的興起，經過統整並融會貫通後，用淺白易懂的文字解說，成為全面探討宋代經濟的嘔心瀝血之作。

《宋代商業史研究》於 1968 年出版後，立即受到學界極高的評價，並得到西洋學者杜希德（Denis Twitchett）的賞識，1970 年由伊懋可（Mark Elvin）節譯成英文，從此「斯波義信」這個日本名字，在西方漢學界嶄露頭角。

當時正值美國興起宋史研究，斯波義信的著作成為必讀的參考著作。當前著名的學者如包弼德（Peter K. Bol）、伊佩霞（Patricia B. Ebrey）、賈志揚（John W. Chaffee）、戴仁柱（Richard L. Davis）、韓名士（Robert Hymes）、萬安玲（Linda Watson）等，都受惠於斯波義信的學說著作。

隨著國際令譽而來的，是遍及世界的交流。斯波義信說，有一回在美國見到了宋史專家劉子健教授，劉子健表示，日本漢學研究厚實有餘，但國際化不夠。此話擊中了斯波義信的心弦，讓他決心將日本的漢學國際化。

斯波義信特別提及，劉子健很關照他，為他的著作《宋代商業史研究》揮毫提字，是他永生難忘的友人。

為了研究中國社會經濟史，斯波義信和漢字周旋數十年。他說，他滋賀縣的老家是寺院，小時候即接觸到許多寫滿漢字的書籍，看懂漢文不

難。不過,大學只學了一些基礎中文,出席國際會議還是無法用中文發言。

斯波義信的二女兒綾子(Ayako)說:「我們家族有代代相傳、由長子繼承的寺院。因為家父是次子,他並沒有被要求接管寺院,但我曾經聽說家祖父希望他學習一些與佛教有關的東西。」

日本推崇漢文溯源於平安時代,那時的日本為了研讀佛經等等,將漢字拆解為平假名與片假名,也一併打造了一套「訓讀」系統,也就是在漢文中加上「訓點」的各種符號,標明字的詞性及發音,調整解讀次序,把漢文解讀成日語,這是解開古典漢籍的鑰匙,使得日本學者可以讀破浩瀚的漢籍,也是日本學者為何能在漢學界出類拔萃的重要原因。

自古以來,漢文的解讀就是日本人的涵養之一。現在日本高中將漢文列入必修課程,甚至國立大學聯合考試也將漢文列入必考科目。

斯波義信因為漢學研究的成就,出任日本漢學研究重鎮「東洋文庫」的文庫長,東洋文庫曾因財政問題面臨危機,斯波義信英明果斷,將經營權歸返三菱財團,讓學者們退回研究崗位而挽回大局。由於他經營有方,名聞中外,各國漢學研究者都慕名前往。

斯波義信退休後,先於國際基督教大學(ICU)任教,再進入東洋文庫。年近九十的他,幾乎每天到東洋文庫上班,從位於埼玉縣的住家搭電車約一小時。遇有專家、學者及訪客前來,偶爾也擔任導覽員,解說館中歷史地圖的意義,展現他解讀史料的過人能力。他慶幸自己的身體還算硬朗,可以這麼做,展現了老而彌堅的毅力和精神。

◎ 觀遊阿里山神木　一圓夙願

斯波義信說他與臺灣有特殊的淵源與情分。除了曾以臺南作為研究範疇之外,他對阿里山有特殊的期待。他說,祖父任職北海道大學農學部,因工作之故,曾到阿里山調查林相。

「祖父回來跟我分享，說阿里山有很多樹種，是在日本看不到的，很值得一去。我一直記得這句話，期盼有機會到阿里山看看。」此番獲得唐獎後，他與家人同行來臺，搭乘阿里山森林火車，登高眺望日出美景，途中穿梭在參天林木間，圓了他長久以來的夙願。

說好探訪阿里山神木那天，大家約好早上八點集合，但斯波義信早上六點就起床，悄然披衣推門而出，獨自先行探訪神木，懷想「當年祖父在阿里山看到的，也是這樣的景象嗎？」

「我非常感動。」斯波義信說。回到旅店，與眾人會合，他又跟著大夥兒再探訪一次神木，彷彿清晨瞻仰還沒看夠。斯波義信入神地把景物映在心底，而用現代科技拍照留影的工作，就交給女兒了。

斯波義信極為感謝妻女，在他早年埋首工作時，做他的後盾。

斯波義信一家人的感情很好，當他在臺上演講時，太太和女兒都在臺下為他加油。斯波有三個女兒，女兒們都很體貼，雖然不是學者，但都了解父親在做什麼研究，深深以父親的成就為榮，有時也會適時輔助父親，處理簡報之類的工作。

次女綾子表示，她的父親不像同一世代的日本父親，是一個非常重視家庭的人。他通常準時回家，和家人共進晚餐，並在晚餐時分享他在大學授課的話題；週末經常和孩子一起玩，帶家人到他認為「有趣的地方」，比如動物園、牧場、雞舍、機場、百貨公司、玩具店、批發街、博物館或棒球場。

「閒暇的時間，他也常動手做木頭家具，或在花園種花種菜，還讓我們一起做，他希望孩子們學到生活技能，知道如何在任何情況下生存。也許這種想法來自他二戰期間和二戰後的貧困經歷。」綾子說。

斯波義信教授攝於東洋文庫。

斯波義信教授贈送唐獎教育基金會一幅日本景色畫作留念。

參觀唐獎教育基金會時，斯波義信教授留下親筆簽名。

主要經歷

2001迄今	財團法人「東洋文庫」文庫長
—2007	大阪大學名譽教授
2001—2007	財團法人「東洋文庫」理事長
1991—2001	國際基督教大學教養學部教授
1988—1990	東京大學東洋文化研究所所長
1986	東京大學東洋文化研究所教授及人文科學研究科教授
1979	大阪大學文學部教授

獎項與榮譽

2017	日本文化勳章
2006	日本文化功勞者名銜
2004	瑞寶重光章
2003	日本學士院會員

◎ 臺南是研究主題　更是第二故鄉

臺南，對斯波義信來說，既是研究主題，也大概是第二故鄉了，他對臺南的理解，甚至比很多臺灣人還深入。此番拜訪臺南水仙宮時，他很開心地跟眾人分享臺南歷史與古蹟典故，興奮之情如同孩子到了遊樂場一樣，這裡是他年輕時的學術悠遊之地。

當初他會選擇臺灣做研究，是因為有很多中國大陸移民來臺，而當時許多因為中國大陸文化大革命而消失的傳統與資料，都可能在臺灣重現；臺南也保留了很多生活線索，可以由此回推原本的社會結構。

2018 年 9 月，他應邀來臺灣，在成功大學的大師論壇上，以「臺南的都市化與『境』」為題發表演講。他說，以臺南作為觀察研究案例，是因為關於都市起源於偏遠地區，而臺南成長、變化、漢化的歷程是一個絕佳例子，可以完整觀察到商業機構於都市中成長的歷程，而且大陸移民帶入各式各樣的信仰生活、落地生根，成為一個罕見的都市。

很多人聽過「合境平安」這句話，所謂的「境」原是「街境」民防組織，後轉變為寺廟的祭祀圈，也常被稱作「角頭」，臺南府城的聯境組織有六興境、六合境、八協境、四安境等，如今各境居民一同信仰和定期祭拜鄰里的幾座廟宇。寺廟的管理委員會會推動境內的善男信女，連結街道各個區塊，選出特定的大寺廟為「境主」，並定期更換，如臺南市中和境的北極殿等等。

斯波義信說起，當年他走訪最早開發的鹿港、臺南時，當時仍然健在的文史學家林衡道特別作陪，親自解說，將各樣歷史娓娓道來。如今斯人已逝，「當年臺南有許多的寺廟，包括建築及器物，簡直就是巷弄間的博物館！」這次舊地重遊，斯波義信發現，那些如博物館的寺廟，已逐漸消失了。

臺灣也帶給他許多好運。2003 年，73 歲的斯波義信受邀擔任我國中

央研究院歷史語言研究所「傅斯年講座」學者，屆滿之後他一回到日本，就被推選為日本學士院會員，從此得獎連連；包括以天皇名義頒發的「瑞寶重光章」、2017 年獲頒日本最高榮譽的「文化勳章」。

中央研究院黃進興副院長是受託前往東京，當面告知斯波義信獲獎的「信差」。他說，斯波義信的漢學研究具有「西方之長」，這項特長便在於西方社會科學中的精神，即實事求是、眼見為憑，「一般歷史學者只做文獻研讀；但他善於走出去做田野調查，這對史學研究非常重要，也很難得。」

◎ 即使簡單　也認真對待

中央研究院歷史語言研究所研究員陳國棟教授和斯波義信是多年老友。有一回，陳國棟陪他在臺南吃晚飯，席間拿了一張日本絹紙，請斯波義信親筆題字留念。沒想到，斯波義信對著絹紙「定住了」，專注地看著紙，約莫五分鐘的時間，才緩緩落筆，慎重寫下「斯波義信」四字。即使是這麼一個簡單的要求，斯波義信的慎重亦始終如一。

這份慎重，在唐獎大師論壇上也如實上演。對於聽眾的提問，如果是關於研究或學術問題，斯波義信即十分慎重，他會陷入沉思，仔細思索該如何措辭，而絕不願任意作答，他寧願讓場面一片寧靜，甚至有點兒尷尬。

在臺灣大學兼任教授的黃進興為文形容當時的氣氛凝結，大意是說，就像乒乓球賽時選手揮拍，你來我往，十分激烈，不料斯波義信接球後，竟持球於手中，凝視良久，彷彿忘我，且宣布要等到回到日本後，再寫信一一答覆，充分反映了他治學的嚴肅謹慎。這在轉變迅速的現代社會中難得一見，彌足珍貴。

文中也提到，斯波義信在東京擁有一方小小的菜園，他勤勞素樸，種菜為樂，種了豌豆、小松菜、蔥等。他認為種菜可以讓他心靈放空，維持

斯波義信教授參訪唐獎教育基金會時，與介紹他的卷軸合影。

活力，等到收成後，芳美的蔬菜還可成為佳餚，讓他覺得身心舒暢，十分滿足。

此外，斯波義信極重情義。例如他嗜食日本東京青山老字號的雪茄蛋捲 Yoku Moku，於是把他飼養的兩隻小鳥，分別取名為 Yoku 與 Moku ！

2011 年，日本發生 311 大地震時，東京也是災區，斯波義信服務的東洋文庫中，書架紛紛翻倒，待巨震停止，他與同仁忙碌一夜，合力將傾倒的文庫書架初步復原時，他也想到家中書櫃也會傾倒，不知是否傷及鳥籠及愛鳥，因此在忙完後，次日清晨便趕回家，但地鐵停駛，他徒步六小時才到家，發現還好鳥兒都健在，此事後來成為友人飯後感嘆的趣談。

參考資料

• 陳至中（2018），〈唐獎得主斯波義信 曾剖析台南角頭聯境〉，中央社。檢自 http://www.cna.com.tw/news/ahel/201806200076-1.aspx

• 黃進興（2018），〈唐獎點滴——斯波義信的兩隻鳥兒〉，文匯報。檢自 https://kknews.cc/zh-tw/news/p9v26zj.html

• 唐獎，〈唐獎得主，漢學獎，斯波義信〉。檢自 http://www.tang-prize.org/owner_detail.php?cat=12&id=1006

斯波義信專訪

堅守研究題目，從來沒有動搖

Q 首先非常恭喜你得到唐獎，是否有什麼話想跟大家分享？

A 得獎，真的很高興。我研究中國商業史已經有六、七十年，這麼多年來一直沒有改變研究題目，一直堅守這個崗位，從來沒有動搖，這可能是獲得唐獎肯定的最大原因吧。

我研究中國社會的歷史，這是一個不太被重視、不太被關心的題目。在中國政治史中，有很多著作，但社會史，甚至是經濟史，一直沒有被注目，直到 1930 年代才開始有人將注意力放在這個領域。從社會史的角度來看，中國社會史是一個很有趣的區塊，是一個未開發的範疇，我樂於投入這個領域，而且一做就是六、七十年，從來沒有懷疑過也沒有想過改變我的研究題目。

Q 我們覺得，一件事情做了六、七十年，想必當中一定有許多堅持，也一定有研究的樂趣，想請問你是否遇過什麼挫折？在其中又得到了什麼？

Ⓐ 我研究宋代時，最讓我感到興奮的是，在圖書館影印到古代的印刷版史料，覺得特別興奮，因為這是很難得的機會。

有關遇到什麼困難能夠讓我超越、繼續下去？記得在我的研究生涯當中，最艱辛的時期，就是中國大陸馬克思思想盛行和文化大革命的年代，那時當地的學界對資本主義、商業都帶有歧視的眼光。我堅守這個研究題目，被視為是一個與時代不符的異端，也是感覺最辛苦的時候。

Ⓠ 那段時間，尤其選比較冷門的這一條路，請問你一路走來會覺得很寂寞嗎？

Ⓐ 在那段時期，雖然研究商業史是一個反時代潮流的題目，但其實日本對中國商業史與社會史已經有一個初步的整理，而這些成果，在歐美也獲得相當大的肯定。我認為，如果因為時代潮流就拋棄了這些累積的成果，將是一個非常不負責任的決定。

舉例來說，比如我最尊重的學者內藤湖南先生，他的著作早期就獲得西方學者的肯定，他的研究被翻譯成英文，在歐美學術界裡同步流行。繼承內藤湖南學問的還有宮崎市定，他的著作也相當受到歐美學者的肯定。

英國劍橋大學有一位教授已經開始引用日本人所作的論文、肯定日本人的學術成果，這對於我在日本做研究是很大的鼓勵，這位教授在1950 年對中國唐代研究已有很卓越的成就。英國教授願意關注日本方面的相關研究，對日本的學者來說，「是鼓勵我們在那個低潮時期，能夠繼續往前推進的，很大的力量。」

之後還有一位加藤繁，他最主要的研究是唐代財政史，這個研究也被西方學者肯定，他的論文在很多地方都被引用。對於日本做中國研究

的學者來講，「因為受到西方世界的肯定，更讓我們有動力往前繼續做下去。」

Q 你剛剛提到對於臺灣的研究，尤其在臺南做過「境」的研究，據說臺南現在還有一些「境」，想請問你的看法？還有，角頭、「境」的狀況，在中國大陸也有一樣的情形嗎？

A 這是個關於研究社會史牽涉到民族學的問題。有關「境」、角頭的資料，在中國大陸的都市裡目前已經找不到或很難找了，因為當年中國大陸不讓外國人進去做調查，只有英國人可以進入香港做調查，也因此後來有些資料得以保存下來。但是在臺南，不但有古蹟，甚至史料的記載都非常清楚，那是因為當時日本人整理這些資料，所以有完整的資料配上歷史紀錄，我就做這些研究。香港是有資料但沒有古蹟，有古蹟就能夠做到對照。

在 19 世紀，社會學之於民族學的研究還沒有成立，比較接近的就是地理學，然而，在地理學中沒有這些相關資料；又因為社會學源於英國，到 19 世紀才開始有系統地研究這方面的資料，但那時他們將所有注意力放在農村而非都市，對農村的關心更甚於整個社會。因此，我們現在提到普遍出現在都市中的「境」跟角頭，這些相關資料也比較缺乏。

Q 「境」跟角頭這些現象，在華人社會是普遍有的，只是中國大陸沒有資料，那麼該如何進行研究呢？

A 我們可以很容易想像，只要是華人社會，都有可能存在像現今臺南「境」或角頭的結構，但很可惜的，我們沒有辦法找到具體的資料。我們如果沒有資料就沒辦法做研究。從理論上來推想，資料可能有，

只是沒有辦法找到。然而，從中國大陸的地方資料來看，要跟官方行政有關的才會納入資料，無關的向來都不會被納為資料。

如果要研究地方的話，現在研究社會史的唯一辦法，是每個地方自行做的一些紀錄，就像在乾隆年間的保甲冊，如果可以將他們所管轄的每一個紀錄都蒐集起來，就有相當規模的資料能夠做社會學的研究；只是現在蒐集到的只有幾冊。所以說，社會學這個學問起步很晚，中國的歷史對政治史有詳細的紀錄，對於社會、經濟等等的紀錄很少。這個學問是到 19 世紀才有的，也可以說是一個非常年輕的學問。

Q 你研究華僑也相當著名。「境」的狀況是否也隨著華僑的腳步一併帶到東南亞？

A 你問到這個問題很有趣，華僑不管到什麼地方去，在當地都會留下一個報導性的資料，稱之為僑報，也就是華僑的報紙的意思。這個主題，目前還沒有人去做有系統的整理跟研究。但是，僑報一定是很重要的關鍵資料。

Q 請問你有興趣研究僑報嗎？

A 這個資料非常零散，需要整合，也不曉得我整理的有幾成，官方正式文件有些關於華僑的資料，也不是很完整，只是很表面的紀錄而已。僑報需要到當地收集，非常零散，沒有系統性的收藏，目前還沒有辦法整理出一個系統來。

Q 嗯！很有趣。所以想請問僑報的起源，是海外的華僑互相聯絡、互通訊息、互相照顧之用的嗎？

Ⓐ 目前所蒐集到的早期僑報,多半是中國人到外地做生意,與家人之間的往返書信。絕對不要以為只是寫信而已,這絕對跟錢有關係,就好比你賺多少錢、要匯多少錢給家裡。這個跟錢有關係的,是一個很有趣的區塊,早期華人是用什麼方式、多少金額之內,會把在外面賺的錢送往國內,或用國內的錢去資助海外做生意。而這些金錢上的往來,有時要靠僑報做中間的聯繫;僑報就是這些書信所總和出來的資料。

更有趣的是,這些僑報還保存一些資料,如同鄉會當中什麼人送了多少錢、什麼人用了什麼方式送錢,彼此間探討怎麼樣送錢、匯錢的方式。

我手中這份印刷出來的是寧波地方的僑報,就叫《寧波同胞》,那是我當年來臺灣買的。

Ⓠ 所以這是個還滿年輕的僑報囉?

Ⓐ 大概是 1940 至 1950 年代的僑報,如果要認真找的話,在臺灣應該還找得到僑報。

Ⓠ 另外,可否請說明華僑跟華裔之間的差別?

Ⓐ 華僑是從中國大陸移民到別的國家,甚至是歸化到對方的國家,但心中還是認同他是從中國來的。而華裔就是在對方的國家長大,華裔是比較年輕的世代。

有很多移民到別的國家的華僑,不願意歸化到對方的國籍,還保有自己的國籍。早年,這在印尼就出現過很大的問題,印尼政府曾經強制移民到印尼的華僑改成印尼國籍。因為這些到印尼的華人移民,會把他們賺的錢送到香港,再從香港把錢移回中國,讓資金回流,這對印

尼是一個很大的損失，因此他們曾經嘗試強制移民到印尼的華人，一定要明確表示他們是哪一國人，甚至強制他們加入印尼國籍，以加強控制。

另外，華僑若表明「我是來你這裡賺錢的態度」，會跟當地的政府起衝突。反之，若歸化為當地國的人，還是備受尊重的；例如你歸化成印尼國籍，還改信回教，認同當地的宗教信仰，這樣的人也賺到錢的話，在當地是被尊重的。但當你要歸化、信仰回教時，中國人的內在抗拒是很大的，因為中國人認為身體髮膚受之父母，弄傷了就是不孝，而回教徒的割禮，對中國人來說就是一個很大的障礙。

Q 你剛剛說，如果完全尊重或融入對方的信仰、生活、國籍，會被當地國的人尊重，現今最大的難題是，像部分西方國家會禁止穆斯林穿戴面紗或是罩袍，也規定他們應該要融入當地。但有些人覺得，在多元文化之下應該要尊重他們原先的傳統，這樣子的辯論，不曉得你有什麼樣的看法？

A 如果他們能夠了解當地的東西，僅把自己可以接受的東西融入自己的生活之中，全世界大概也只有中國人可以做得到。

參考資料

• 陳至中（2018），〈唐獎得主斯波義信　曾剖析台南角頭聯境〉，中央社。檢自 http://www.cna.com.tw/news/ahel/201806200076-1.aspx

• 陳至中（2018），〈唐獎漢學獎　日美兩學者共享〉，中央社。檢自 http://www.cna.com.tw/news/ahel/201806200076-1.aspx

知 識 錦 囊

東洋文庫

　　漢學獎得主斯波義信教授是「東洋文庫」文庫長，這是日本最大、也是全球第五大的亞洲研究圖書館。在東京散步，若想要有一個氣質悠閒的午後，除了參觀美術館外，可前往文京區、六義園正對面的「東洋文庫」，文庫建築宏大優雅，前方綠草如茵，令人賞心悅目。

　　財團法人東洋文庫由三菱集團第三代董事長岩崎久彌在 1924 年設立，2011 年，增設的博物館開放給一般大眾參觀，不論瀏覽書海，或是遊走空間，都很值得，而有幸福的感覺。

　　東洋文庫博物館的書籍展示空間採三層樓挑高設計，藏書約 100 萬冊，還有國寶五件、重要文化財七件。其中，中文和西洋文書籍各約四成、日文書籍兩成，其他還有亞洲與非洲語言的書籍，共有 80 種語言。除了書籍，想要近距離地觀賞作品或詳細知道內容的遊客，可以自由使用所展示的電子書。

　　東洋文庫的藏書核心是莫里遜（George Ernest Morrison）文庫。莫里遜於 1862 年生於澳洲，1893 年首度訪問中國，他是醫生、記者，也當過袁世凱政府的顧問，他收藏的包括日俄戰爭、辛亥革命等與中國有關的書籍資料，因當時中國政局動亂，與亞洲有關的資料多半是由歐、美人士撰寫，莫里遜努力蒐集約 24,000 冊，彌足珍貴，置放在二樓，成為一大片書牆，氣勢懾人。

唐獎基金會公啟：

　　此獎實是近年振興學術教育上之一大盛事，弟希望得獎之範圍將來擴大到包括年輕世代研究者們。

2018 年仲秋菊月，日本東洋文庫

斯波義信 記

RULE OF LAW

Joseph Raz

約瑟夫・拉茲

唐獎第三屆法治獎得主

2018年唐獎法治獎，由國際知名法律哲學家、現任美國哥倫比亞大學法理學湯瑪士M.麥塞歐西講座教授約瑟夫・拉茲榮獲，以表彰他對法治具開創性的貢獻，肯定他深化法律本質、法律推理，以及法律、道德與自由相互關係之理解。拉茲教授的專長領域為法律、道德與政治哲學，是當代法律哲學家之翹楚、知識界一代巨擘，不論在道德哲學或政治理論領域，都扮演舉足輕重的角色。

約瑟夫・拉茲
Joseph Raz

獲獎理由

美國哥倫比亞大學與英國倫敦國王學院教授約瑟夫・拉茲，橫跨並專精於法律、道德以及政治哲學，嚴謹釐定各種思考的路徑，使人們能完整看見法律的真貌。他承繼法實證主義（legal positivism）的傳統，補充並分析法律哲學（analytical jurisprudence）的不足。他的視角使法律與道德間曖昧艱澀處益發清晰，確立他於法律哲學界的歷史地位。

不折不扣的哲學家 ——約瑟夫·拉茲

法律是什麼？

人為何要守法？

當法律不具道德性時，也一定要遵守嗎？

這些看似簡單的大哉問，是當代法哲學巨擘約瑟夫·拉茲皓首窮經，不斷思索的問題。

「嘎！你還想著當年學校裡思考的那些問題啊？」這是近日與中學時代老友聚會時，約瑟夫·拉茲（Joseph Raz）得到的評語。

鬚髮俱白、八旬的拉茲在轉述時，忍不住笑了起來。對老友的形容，他覺得非常貼切。

他的一生都在思考，找問題，求答案。同學沒說錯，他內心的確仍舊是中學時代有著熾熱好奇心的小男孩，但他的識見早已攀上法哲學領域的高峰。實際上，最簡單的問題，可能是最基本的，也會是最深奧的問題。拉茲試著解決當代問題的謎團，他的成就即是在看似死胡同的辯論中，拉開了思想的新天地。

「他是哲學家的典範，他的容貌真的就像古希臘雅典的哲學家，這是我對他的第一印象。」拉茲學生、牛津大學萬靈學院資深研究員約翰·嘉

德納（John Gardner）兩手比畫著形容：「先是蘇格拉底、柏拉圖、亞里斯多德，接下來是拉茲。白色大鬍子上的眼鏡，大概是他與古哲學家最大的不同。」

「但當你真正了解約瑟夫（拉茲），他絕不會在公共廣場中侃侃而談，熱切地尋找眾人擁戴的眼光。」嘉德納說，恩師拉茲熱愛思考解析問題，窮盡一生，不斷在同樣的問題上找尋答案，「因為他從不滿足現有的答案。」

○ 偏好哲學的幸運兒

1939 年，拉茲誕生於中東的巴勒斯坦託管地，即現在以色列與巴勒斯坦領土，但中東戰火並沒有在他的童年留下深刻的烙痕。14 歲時，他就對哲學產生濃厚興趣。他大量閱讀從古希臘時期到近代的哲學家作品，包括柏拉圖、笛卡兒、史賓諾莎等哲學家的著作。

「我從孩童時期，就對哲學有興趣，到現在都沒改變。」拉茲說：「我家旁邊有個成人教育中心，我想我也來上課吧。那些都是給大人上的課程，是給年紀非常大的退休人士、無事可做的人上的課，哈哈哈。」拉茲邊說邊笑出聲來：「我熱愛哲學，可能是當年全國唯一訂閱哲學專業期刊的學童。」

回顧年少求學歷程，他很感謝父親，因為父親對少年拉茲的求知欲望，盡全力滿足。「他並沒有要求我一定要成為學者或做任何事，他只是鼓勵我大量閱讀。有時我們一起到書店去，他自己一本書都沒有買，全是買我的書。」

拉茲後來進入耶路撒冷希伯來大學就讀，哲學與法律是他的熱情所在。回憶那段過往，拉茲說，他非常驚訝，幾乎大部分的同學都必須半工半讀，上課之外還得賺錢分擔家計。他才明白自己何其幸運，父親只是工

人，卻讓他享有專注求學的福分。在那樣困難的烽火年代，不需工作的全職大學生才是特例。

雖然主修哲學與法律，拉茲明顯「偏愛」哲學：花在鑽研哲學的時間多於法律；但每次法律考試，他總是輕易拿到好成績。

◯ 哈特、拉茲的真摯師生情

1963 年，拉茲取得法律碩士學位。希伯來大學的教務長記得當年有位中學生，竟然訂閱了大學的哲學雜誌，他就是拉茲。在希伯來大學就學期間，當代法哲學大師哈特（H. L. A. Hart）至希伯來大學發表學術演講。演講結束後，拉茲請教哈特幾個關鍵問題，讓哈特對他印象深刻。後來，教務長推薦拉茲到英國牛津大學深造，為他安排豐厚的獎學金，師從哈特，繼續攻讀博士。自此，拉茲踏入英美法哲學的重鎮。

拉茲這麼形容恩師：「當時在牛津各大小書店及學術場域，到處都可以看得到哈特的著作。其他教授開的課，也會討論哈特的著作和思想。他是非常重要的人物。」

拉茲說：「我記得那個時候，哈特真的沒有教你什麼，他不會告訴你要寫什麼，從沒說什麼才是正確的想法，也不會對你的觀點有任何建議，但他會回應你的作業。」

拉茲的同窗好友、牛津大學聖約翰學院榮譽研究員彼得·海克教授是哲學界的權威，海克說，哈特對學生的作品非常嚴謹看待，會在文章行列間加上許多意見及評論，有時就寫在紙旁、扉頁上緣，甚至翻到背面繼續評注。

海克記得，哈特的字跡非常潦草，潦草到有時無法辨識，但是他的評論卻是拳拳到肉，一針見血。「他一定花了大把時間閱讀學生的作品，幾小時、幾小時地看，對學生的論點深入思考，而且他對自己評注的字眼深

思熟慮，有時甚至把整個段落都重寫。」

在牛津校園，當年的師生辯論，成為法哲學傳承的重要一景。大夥兒晚上聚在哈特的研究室，一起討論法哲學，大約五、六人，包括後來常與拉茲為文對話的知名法理學家羅納德・德沃金教授（Ronald Dworkin）。師生的討論非常熱烈，如是持續兩三年。後來人數愈來愈多，名氣愈來愈響亮，並有愈來愈多的學者加入，演變成「萬靈學院（All Souls College）讀書會」，最盛時期竟然有二、三十人參加。

牛津畢業之後，哈特與拉茲的情誼依然持續，就像是忘年之交，到哈特過世前，他們都是非常好的朋友。在哈特晚年，健康狀況江河日下，拉茲常常去探望，並開車載老師到鄉間散心。當哈特衰弱到必須坐輪椅時，拉茲會推著輪椅，帶老師探索世界。

「直到哈特過世前，拉茲一直照顧他，就像他的親生兒子一樣。看著他們相知相惜的師生關係，實在非常動人。」海克讚嘆。

拉茲追隨哈特，四年就取得哲學博士，回到故鄉耶路撒冷希伯來大學任教兩年，又回到牛津納菲爾學院（Nuffield College）。

納菲爾學院只收研究生，不收大學生，這樣的環境讓他能專注於研究。在納菲爾第二年，他被貝利奧爾學院聘為法學教授，在此任教 20 年。貝利奧爾學院是牛津最古老的學院之一，培育出許多諾貝爾獎得主及歐洲政要，拉茲也在這裡度過晨昏，累積學養，成為一代法哲學宗師。

有關法律層面，中正大學哲學系教授謝世民說，在拉茲的學術生涯裡，早期他先研究法律，了解法律如何自成體系，再討論什麼是規則。拉茲認為，法治像一把尖刀，極具效率；但法治也有道德上的重大意義，如何防止權力濫用，使人民免於遭受濫用法律帶來的傷害，是法治的道德面向。

「許多法律人會說，法律就是社會基石，人人都要遵守；然而，拉茲會說，要先看這個法對社會帶來什麼價值。」謝世民解釋，拉茲對法治充

滿批判性，對公權力保持懷疑，他不認為法治必然帶來正義，也不必然尊重人權。

◉ 要學生對話、思考、自己找答案

每當拉茲談起學問，他的英文帶著濃厚的故鄉口音，語調極慢，答案卻絕不模稜兩可。他認為，法治不是偶然，而是人類的理性。他提出「權威的服務觀」，權威本身並不重要，重要的是如何服務人民。簡言之，權威的正當性來自於它能回應人民的需求。

在眾多學生眼中，拉茲是位嚴格的老師，他並不真的講授什麼理論，而是引導學生不停地思辨，面對議題，透過對話，引導思考，讓學生自己找出答案。

有趣的是，學生對拉茲教學的形容，正如同拉茲與同儕對當年恩師哈特的回憶，包括多處修改的文章、來來回回的辯論，卻從不給你找出答案的方法。

拉茲說：「哈特只是看你的作品，回應你，挑戰你，你就可以從他的所說所行中學習。」

拉茲的學生、倫敦國王學院法理學教授提摩西‧麥克連說，當年呈閱恩師拉茲的報告，都是全力以赴，自以為寫得挺不錯的；直到走在前往拉茲研究室的路上，心中才懍然一驚：「天哪，我這裡、那裡，都寫得不夠好！」

同為拉茲學生的牛津大學萬靈學院資深研究員約翰‧嘉德納打趣說：「你已經夠幸運了，你會在半路上自我醒悟；我是到了他的辦公室，才被打醒！」

嘉德納說，拉茲總是能找到你的破綻，有時候甚至是文章的第二句或第三句就出錯，論述才一開始就被駁倒。「所以，討論時，我們須花整個

小時來一步步釐清論文，字斟句酌；他從不說明下一步該做什麼，但會在你的學術作品中點出問題。到了最後你忍不住會問：『所以，到底你認為我該怎麼做呢？』」

「他的答案總是一樣，兩手往旁一攤：『這是你的論文！』」

提摩西・麥克連回憶，他準備博士論文時，與拉茲第一次見面，「針對論文裡的一句話，我們就花了兩小時討論！通常，當有人挑戰你的論點時，你可能會稍稍讓步；但他步步進逼，你就會不斷退後，最後你被逼得恨不得能穿越背後那道牆！」

麥克連充滿感情地說，事後回想，就能體會拉茲是多麼慎重對待「我是他的學生」這件事，他可能花了幾小時看學生寫的東西，「我可能沒有盡到我的本分，我決心下次一定要做對，不能再受窘一次。」

如同當年哈特對待學生的嚴謹，拉茲從一開始就為學生設立非常高的標準，但不會提供指路地圖，告訴你該如何一步步遵循，就能到達目的地。「只有一個高標準放在那兒，他只會大概告訴你一個方向，但要如何到達那個標準和境界，你得自己想辦法。」麥克連說。

拉茲從不指定學生的研究題目，甚至沒有指定閱讀書單。有時學生打算研究的題目，拉茲早已著墨，並寫過相關文章，他也閉口不提，直到學生自己找資料閱讀時，才發現拉茲早就研究過且提出看法了。原因是拉茲不想讓學生的思考限於己見，就此定於一尊。

拉茲學風的另一特點是，他從未要學生閱讀他的著作，從來沒有。許多學者會在課堂上推薦學生研讀自己的著作，理解自己所在的理論門派。但是，這不是拉茲的作風。他給學生的，是一張思想的白紙，他不會在其上加上影響思想自由的任何記號。

他的做法就是：與學生的論點激盪、回應，讓學生自由發展，自由思考，他永遠在那兒做出回應。他的回應迅速、敏銳、極富洞見。

另一學生牛津大學法哲學教授提姆西・恩迪科特說：「他從未想過把

約瑟夫‧拉茲教授喜歡攝影，參觀唐獎教育基金會時，隨手拍照取景。

約瑟夫‧拉茲教授送給唐獎教育基金會留念的骨董茶具。

參觀唐獎教育基金會時，約瑟夫·拉茲教授（右）寫下獲得唐獎的感言。

主 要 經 歷

2011迄今	英國倫敦國王學院研究教授（兼任）
2006—2009	牛津大學研究教授
2002迄今	哥倫比亞法學院湯瑪士 M. 麥塞歐西法學教授
1985—2006	牛津大學法律哲學教授（隸屬貝利奧爾學院）
1972—1985	牛津大學貝利奧爾學院法律導師
1967—1972	耶路撒冷希伯來大學法學院及哲學系講師（1971年取得終身職）

獎 項 與 榮 譽

2014	耶路撒冷希伯來大學榮譽博士
2009	倫敦國王學院法學榮譽博士
2005	榮獲墨西哥國立自治大學「海克陀·費克—札默迪歐」國際法學研究獎
1993	比利時荷語天主教魯汶大學榮譽博士
1992	美國文理學院國外榮譽成員
1988	以個人著作「自由的道德」榮獲伊蓮恩暨大衛史培茲政治思想研究圖書獎
1987	以個人著作「自由的道德」榮獲英國政治研究學會W.J.M.麥肯齊圖書獎

我們變成『拉茲學派』，他從不這麼想，甚至幾乎是反其道而行！」

「師生的關係非常清楚：我必須要寫東西，他必須要讀我的東西，這是最厲害的地方，他真的會花很多時間讀我寫的東西，給我精闢、極具智慧的回饋，還有摧毀！哈哈，他曾經摧毀我苦心建立的論點，當我走出他的研究室，我什麼都不剩了。於是再努力寫，再與他碰面，再被摧毀，再度什麼也不剩。這其實是非常正面的經驗，他完全扭轉了我的觀點。」提姆西・恩迪科特說。

○ 拉茲的教學有「六不」

拉茲總是溫柔和氣地支持學生。但如果論及他的學術作品及學生的論文，對其中的草率思考、含糊寫作（sloppy thinking, sloppy writing），他絕對是「零容忍」。

拉茲對門派學說也是零容忍。如果學生只是追隨迎合當下主流論述學說，想要成為某門派的一分子，那可得好好想想。他要求思考的獨立，絕不拉幫結派。

拉茲也從不為自己的作品辯護。即使他早已聲名大噪的首部著作，他也嚴格批判。他不是為了萬人擁戴、樹立名聲而著書立說，而是因為他認為那是對的，他認為問題應該好好談清楚，而他有能力可以說得清楚。

拉茲解釋：「有兩件事是確定的：第一，我的著作一定不完美；第二，它不可能說服所有的人，要人們全盤接收。」

歸結起來，拉茲的教學有「六不」：不指定研究題目、不提供閱讀書單、不要求學生閱讀他的著作、不追求自成一家的學派、不能忍受草率與馬虎、絕不為自己的錯誤辯護。

由牛津大學到倫敦國王學院，再到紐約哥倫比亞大學擔任客座教授，在法哲學領域，拉茲優遊逾 50 年，至今不稍懈怠。

　　嘉德納完成博士論文之後，曾跟著拉茲一起在紐約工作，對拉茲的紐約日常生活有非常生動的描述：年近八旬的拉茲比任何人都早起，並立刻開始寫作。他打字非常用力、打得飛快，用力敲打鍵盤的聲音幾乎敲在嘉德納的耳膜上。

　　當寫作告一段落，他會放鬆一下，整天在曼哈頓閒逛、拍照、看展覽。散步閒晃有助於思索。之後回到研究室，傍晚再度開始寫作，仍然打字又快又用力，寫了兩三個小時，一天就收工。

　　牛津大學憲法學教授艾琳・卡文納說，拉茲對生活的一切都很有興趣，尤其是對人們的日常生活感興趣；所以他對學生的課餘生活也非常有興趣。

　　他是大學者，但並非不食人間煙火，而是對人生興味盎然。

　　來臺領取唐獎時，讓人見識到這位哲學大師對各式各樣生活方式的興趣，宴席當天，陪坐者說明華人社會很重視「吃」的文化，聯繫情感都是在餐桌上，包括男女相親、談生意等等。拉茲都認真聆聽，他的表情顯現真的想攝取到一些新知，而且他不會因為對話者的地位而不聆聽對話者的想法。

　　「他很愛聊天及聆聽，但你要小心，一旦話題涉及一丁點哲學，就再也不能開玩笑。」嘉德納說，拉茲對哲學的嚴肅模式與輕鬆聊天模式轉換得很快，他曾經因為沒跟上，被嚴師教訓過。

◉ 鑽研學術　愛好攝影

　　除了哲學之外，攝影是拉茲的興趣，他非常認真，還自搭暗房，幾乎把攝影當成學術研究一樣認真。他獨鍾黑白照片，在他的研究室、倫敦的小公寓裡，陳列了許多他的作品。他也為恩師哈特拍過肖像，作為哈特名著《法律的概念》第二版的封底照。

拉茲教授參訪唐獎教育基金會時，與介紹他的卷軸合影。

拉茲展示一張湍流於高聳峽谷包夾下奔流而出的照片，氣勢磅礴。他說：「有個學生住在美國猶他州，當地以崇山峻嶺著名。他邀我寫論文參加研討會，我說：『我給你文章，但你要帶我到這個峽谷。』我們交換條件，挺不錯。」

他再拿起另一張照片，「這是一張除了我以外沒人喜歡的照片。」拉茲喜孜孜地向採訪團隊展示不被看好的作品。那是由室內望向窗外的視角，桌椅線條與窗框線條錯落，窗外透進來的光，與室內陰暗處形成極大反差。

拉茲解釋，他喜歡它的光影分布，構圖及明暗都很銳利、獨特。「而且，它是用 iPhone 拍的！」

拉茲說，去除了色彩，你會看到更多，包括那些隱藏的細節、陳列，都會在畫面上浮現。「雜訊去除，才能說得更豐富。」

「攝影很容易讓人感到滿足，但其實不應該這樣，因為我不是什麼專家；但有時也會有：『嗯，我拍得真不錯』的時候。」

唐獎週期間，拉茲到淡水半日遊，在濃濃古早味的老街閒步一小時，他吃著冰淇淋、瞧瞧老街茶壺；他也很喜歡大稻埕在地的文化，邊逛邊拍照……。

當他問起問題時，常常很犀利。例如拉茲詢問我國的憲法問題，好奇海峽兩岸的制度之爭，迫切想了解國人對於這兩種制度的看法，鍥而不捨地追問再追問，完全是一副「打破砂鍋問到底」的模樣。

拉茲同時很謙遜，從不認為自己是法哲大儒，既不畏他人的批評、更熱切地想知道別人對他的批評。唐獎週時，和第一屆法治獎得主奧比‧薩克思（Albie Sachs）聚餐。拉茲說：「可否請奧比坐我旁邊，因為他可以指正我的論述可能有錯誤的地方。」

犀利與謙遜兩種看似相反的特質，在拉茲身上共存，一點也不違和。

這位有著白色大鬍子的大學者，就像一位登山者，漫步在法律、政治

與道德三座交錯且綿延的山巒間，嚴謹釐定各種思考的路徑，使人們能夠完整看見法律的真貌。此後，任何進入這片山巒的後進，如要討論法律、道德、政治哲學，無可迴避地必須去讀拉茲、討論拉茲。大師地位毫無疑問。

參考資料

• Richard Marshall (2014), "From normativity to responsibility etc," THE SOCIAL SCIENCE COLLECTIVE. Retrieved from http://www.socialsciencecollective.org/normativity-responsibility-etc/

• 李侑珊（2018），〈知名法律哲學家約瑟夫・拉茲獲唐獎法治獎〉，中時電子報。檢自 https://www.chinatimes.com/realtimenews/20180621002987-260405?chdtv

• 唐獎，〈唐獎得主，法治獎，約瑟夫・拉茲〉。檢自 http://www.tang-prize.org/owner_detail.php?cat=13&id=1013

約瑟夫‧拉茲專訪

法治及政府行為的正當性，須以人民利益為基礎

Q 恭喜你獲得唐獎法治獎，請談談得獎心得。

A 唐獎教育基金會很棒的一點在於，遴選出對人類未來具實質貢獻及影響力的研究者，並鼓勵跨學科研究。法治也是跨學科，混合了法律、政治、道德、社會科學，還有經濟等，融合了學術與實踐。

Q 之前觀賞了你在倫敦接受的電視訪問，提到令尊一直非常支持你的學習。能否談談令尊？

A 家父是水電工，他非常支持我的興趣，願意讓我追求興趣和理想。基於生活經驗的不同，他對我也有不同的期望，但如果是我的興趣，即使不是他的第一選擇，他也會支持。他是一位非常體貼和支持我的父親。

如果問，誰對我一生影響最大，那肯定是家父。至於他老人家是如何

影響我的？只能說「仰之彌高，鑽之彌堅」，我無法形容於萬一。好比你可能知道是誰影響了你，但山高水長，無法盡述。

Q 那個年代，你在大學同學中算滿特別的，竟然不需要半工半讀。

A 是滿特別的，但我並非唯一。當時大多數同學都需要半工半讀，其中有些是全職，但大多數人都是兼職，而我不必打工，我因此比他們有較多時間學習。

這是一種不公平的優勢。

Q 你還談到老師對你的影響？能舉幾個例子嗎？

A 我有各式各樣的例子，先舉一個學習領域的實例：

念大學時，我依照興趣選擇主修課程。我修習過一位教授的課，他是猶太教神祕主義學者，選修的原因，在於我從來不知道任何關於猶太神祕主義的事，想多了解，結果這位教授比神祕主義更令人著迷。

他是資深教授、著名學者，他述說故事的方式非常吸引人；看到他全然專注於展示授課材料，好像完全忘記學生的存在，與課堂上的任何人都沒有關聯，全然專注於講述內容，這太令人難忘了。雖然我不太記得他的授課內容，但他的教法卻烙印在我心深處。

Q 所以這種教學方式對你有些影響？

A 這不是一種教學方式，而是他的個性使然。在當下，他展現了知識分子的個性、個人生活型態或興趣。這樣的學者，令人難忘。

Q 你提到牛津大學與希伯來大學的不同，能告訴我們差異嗎？

A 兩校最主要差異，是希伯來大學部的學生往往比牛津的學生年紀大，因為他們在上大學之前就已經服兵役了，一般來說，他們比牛津大學同等學歷的學生大兩歲；此外，以色列人往往比英格蘭人早婚，因此，希伯來的已婚學生比牛津大學多。還有，希伯來的學生經常得半工半讀，但兼職工作在牛津非常少見；牛津學生可以打工，但幾乎沒有全職工作者，因為他們是學生。

另方面，希伯來大學的上課方法是課堂講授，老師們只是講課，講完就回家。牛津大學上課的主要方法是小班制教學，對大學部學生來說，大多是一位導師對應兩名學生，有時還只對應到一名學生。在希伯來大學，沒有這種型態的教學，每位學生每週花大約 20 個小時坐在課堂中聽教授講課。當然，牛津大學也有這種課堂講授，但非必修。

在牛津，課程通常分為兩種，一種是教學，會指定閱讀；另一種需要寫作，有指定的作業，每週都需要寫一篇文章。在希伯來，一年內會寫兩篇論文，文章長度比牛津的長，所以牛津系統的缺點是，沒有機會寫長篇論文，但一直都在寫作，而且撰寫的內容都會經過審查。這並非評分，而是由導師聽取或閱讀之後給予評論。

一般來說，牛津的小班制教學會有兩個學生，學生提供文章請導師閱讀，教學就從討論文章開始。上課可以有很多變化，但這是一個比較典型的模式。因此，學生會常與導師接觸，若沒有準備好，會立即被發現。如果有學生在我教學時沒有準備好，我會將討論模式分派下去，讓他們自己操作。

在希伯來大學，學生一週上課 20 個小時，在課堂上聽課做筆記，寫作和思考的時間要少得多，即使有閱讀作業，學生通常不會去做，與老

師也少有聯繫，原因是學生很多，很難進行一對一的輔導。不過，在希伯來，老師發現有才華的學生會主動去了解；在牛津，老師或多或少地了解每個學生，卻不會對任何人表現出偏袒。可見，在許多方面，不同學校提供了全然不同的學習環境。

Q 作為一位法律哲學家，你怎麼區別法律與哲學呢？如何理解政治哲學與法律哲學？

A 我想我們通常可以用三種方式看待法律，一方面是指一系列關於法律的合法機構，包含法庭、警察機構、監獄、議會、行政機構與部會等。第二種探討方式是將法律視為一系列的標準原則，它指導法律組織、機構與所有人的行為，通常也是法律機構的產物。法律機構擁有強制力，可以執行、詮釋、發展並保障法律，以約束機構本身與社會大眾。此外，有一張網是態度、法律實踐與信念之網，加上先前講的機構與原則，總的來說，這些就是法律。

關於政治的定義與歧見，大概比法律還要多。政治的狹義定義，是指那些引導政治的行動、標準與原則。如影響議會、政府、警察或法律，所產生的影響、運用的結果，這是我們通常對政治的理解。當你說明了這一點，法律與政治的關係就很清楚了。

政治還有比較廣義的定義，指的是會影響法律行動與政策，對人民與公共利益有重大影響的事物，但現在我們多用狹義的定義來解釋，因為它可以表現出法律與政治的緊密關係。

有人會說法律哲學就是政治哲學的一部分，其實我個人不在乎分類問題，這在入門階段很有幫助，不過當你深入了解時，就可以不用理會這些，其間的區別只是雙方所占程度多寡的問題。在政治哲學中有些部分需要對法律知識與對法律機構進行了解，以及知悉其中運作的理

論，這方面也屬於法律哲學。但是政治哲學不是所有政治哲學家都具備相關知識或是有興趣去探討的，而法律哲學是關於法律機構該如何運作。政治哲學也會涉及這個部分，包括政治原則、公平與人道，以及法律機構何時開始免除處分之類的。

Q 你始終關注法理、法律是什麼，其中有關法律權威性的來源何在？

A 權威不僅影響我們個人，甚至影響這個世界。要了解什麼是權威，就必須先知道什麼是「理由」。理由賦予一個人的行為合理性，權威則是「改變理由的能力」。當權威有能力且有意願回應人民的理由時，等於服從指令的同時就是在做本來就有理由要做的事，也因此加強了人們服從權威的合理性。政府的權威本身並不重要，關鍵想法在於權威要如何服務人民，因為是人民給予支持這個行為的理由。而合理的權威，才能幫助人們更好地去實現原本的理由。

Q 許多人擔心，現今假新聞和誤導性資訊的惡意操縱，是否存在道德危機？

A 我不認為我們生活在道德危機的時代。在任何情況下，價值觀都是個人喜好的展現。如何知道什麼是對的、什麼是錯的？什麼是價值，什麼不是？我們總有經驗顯示或有證據證明，環境會影響人們對什麼是正確、什麼是錯誤的看法。

在基督徒環境中長大的孩子會相信基督徒的價值觀，在穆斯林環境中長大的孩子可能會獲得穆斯林的價值觀。這說明了他們所參與的環境必須是正確的，才能有正確的價值觀來影響孩子。

你提到的道德危機，其環境背景產生的價值觀是一個嚴重的問題。不僅僅是客觀性、是非、價值觀等等，而是人們是否具備分辨的能力。

惡意操縱是容易發現與對付的，我們現今也努力於此。但最難的是如何去識別與去除那些惡意操縱，更重要的是要能堅守道德立場。如今的環境跟帝國主義時代比起來，並沒有更多的刻意操縱，所以我不認為存在所謂的道德危機。

Q 在臺期間，你強調法治原則之一是避免政府任意專斷，具體內涵為何？

A 法律是一種包含規則、制度實踐以及統整它們的共識結構，在探索法的角色時，除了研究法的本質，還須了解法與外部環境間的關係，包括法律所處的組織，以及法律與人民思想、生活之間的關係。

法治內含各種原則，最重要功能就是限制政府立法與執法方式，以確保社會安定性與可預測性，讓人民找到方法自我發展、實現自我。法治原則與法律內容無關，而是關於立法及執法方式。政府的存在不是追求自身利益，而是必須考慮到被統治者的道德利益，而法治正當性、政府行為正當性都必須以被統治者的利益為基礎，而遵守法治最重要意義在於要有明顯的意圖來照顧被統治者的利益。

法治有一個重要原則，就是避免政府濫權，政府要向大家公布決策背後的理由，而且理由必須是公正、沒差別待遇的，讓大家有機會提出自己的主張、聽取各種不同的資訊。法治可以保護大家免於政府的恣意妄為、濫用權力，這正是法治是重要道德原則的原因之一。信任法律而會遵守法治原則，是人民信任法律和政府的條件，進而讓政府有良好的治理。最終的目標是，法治主義應該要變成公共文化的一部分，能夠與教育、政治的對話相互結合，法治才能夠真正落實。

Q 這些年來，我國內部非常強調轉型正義，請問你怎麼看轉型正義？

A 過去 30 年，很多國家都在討論轉型正義的問題，我們要做的，應該是要從做過轉型正義的國家中吸取教訓，了解他們成功及失敗的經驗，再來思考最適合自己國家的一種方式。

很多時候追求轉型正義都會遇到比較弔詭的情況，就像兩個國家在打仗前，應該思考是否有勝算，才去打這場仗，而戰敗國會有新政府上臺，針對戰後的建設破壞、經濟失敗進行修復。但是大家沒有想過「戰爭的勝利可能是災難的開始」，戰後的傷害其實遠遠超越戰勝的影響。

有些進行轉型正義的國家成功順利地將政權移轉後，針對在過去某一個特定的政權執政黨所進行不人道、不公正的待遇進行改變，在野黨也可能因為更在乎公正、人道而上臺。但新政府上臺之後，我們也應該小心思考追求轉型正義後的公正以及人道，是否可能造成更大的傷害，因為人民支持新政府，不一定是支持新政府的政策，而是希望在新政府的帶領下，能實現自己想要的生活的夢想。

就算是政權轉移，我們不要忘了還是應該尊重彼此，因為大家還是生活在同一個國家，不管轉型正義是透過司法或是和解，都要記得「我們都在這片土地上生存下去」。

Q 對於那些想要開始學術生涯的年輕人，請問你會給他們什麼樣的建議？

A 我認為不需要建議。他們有自己的幹勁和野心，有權利與眾不同，可能有疏漏，但應該放膽去追求。他們在學習、研究期間，可能會發現法律是如何轉變的歷程，甚或進一步關切如何改變或改善全球工人的勞動條件，包括不同國家禁止僱用童工、雇主提高安全標準的責任等。

他們可能會對法律有助於社會正義感到興奮，這是個開始。與其告訴他們對法律的浪漫看法，不如讓他們學會行使社會正義的工具，亦即透過研究案例並累積經驗來實踐，這比對年輕學生說教更有用。

Q 你喜歡攝影，尤其是拍黑白照片？這有什麼特別迷人的地方嗎？

A 我是喜歡黑白兩色。但我是業餘的，不是專業攝影師。如果想成為一名攝影師，第一個建議是，去看看其他人拍攝的照片，這是學習的最佳途徑。當我看其他人拍攝的照片時，通常對黑白與彩色兩者都欣賞，只是我從黑白攝影中獲得更多樂趣。

Q 你認為黑白照片傳達的資訊比彩色照片多嗎？

A 這是一個有趣的問題。現在拍了一張照片，然後照片會變成彩色、一個轉存到電腦的圖檔，我知道圖檔有多大，但如果把它變成黑白照片，這意味著會失去很多資訊，但可能更能表現內涵、更加有趣，或更具洞察力。

我不是說非得如此不可，更重要的在於，如果我們去觀察和研究優秀的攝影師如何工作，學會如何表達，少一點資訊比太多資訊好。

雖然我從小就喜歡攝影，但很晚才把它當成興趣。

Q 請問你多晚才開始把攝影當興趣？是否請你分享箇中的樂趣？

A 把攝影當興趣，大概是 20 歲左右吧。我發現如果在同一個地方同時拍照，得到的結果卻大不同。有一回，我和兒子在美國進行海岸之旅，從東海岸一直旅行到西海岸並拍照，途中停靠的地方不一定是必要的，

但因為不趕時間，可以停下來看看有趣的事情並拍照。我們總是在一起拍攝同樣的照片，但這些照片呈現了非常不同的風貌。

又有一次，我參加一場週末的攝影研討會，會場展示一些照片，我開始看照片，一張張看。每個人都當眾向攝影師公開講述他看到什麼，而人人所見不同，這太神奇了。又當看到人們拍攝相同位置的照片時，所呈現的攝影風格差異，更令人驚訝。我意識到照片會告訴我們一些本來不知道的東西。這就是我感興趣的原因。

常常是我不了解如何描述我看到的、你也不知道如何描述你所看到的，但如果拍下一張照片，就可以清楚地從照片看到雙方所見之不同，包括看到攝影者對場景的感知、強調場景的不同特徵。我認為這種方式非常有趣。

照片在某些方面更為有趣，因為它可以呈現個人的感知與經歷，也就是攝影讓我們可以直接透過影像來表達，而非言語上的空談。攝影讓我們直接看見，這就是了解一般人生活經歷的有趣之處。

這些經驗改變了我欣賞照片、視覺藝術及所有藝術的方式，它能告訴我有關攝影者的故事，看到他體驗生活中各類事物的方式，對吧？看過他拍的照片後開始思考有關他的事情，我視為探索創作者個性特質的過程，很重要，也很享受。

貝利奧爾學院

　　約瑟夫‧拉茲（Joseph Raz）曾任英國牛津大學貝利奧爾學院（Balliol College, Oxford）法學教授 20 年。貝利奧爾學院是牛津大學最著名、最古老的學院之一，培育出許多諾貝爾獎得主及歐洲政要，拉茲也在這裡度過晨昏，累積學養，成為一代法哲學宗師。

　　756 年歷史的貝利奧爾學院是一所華麗的大學，有崇高的歷史地位，它以悠閒和高度包容的氛圍而聞名。英國前首相赫伯特‧阿斯奎斯形容貝利奧爾的學生：「平靜地流露出一種自然的優越感。」

　　貝利奧爾學院由約翰‧貝利奧爾創辦，他是 13 世紀亨利三世時期的貴族，擁有蘇格蘭諾曼血統，是當時最富有的地主之一，後娶蘇格蘭公主，其子任蘇格蘭國王。他在 1263 年捐款創建這所學院，至 1269 年去世，遺孀繼續資助，並在 1282 年起草學院的院規，至今依然通用。

　　從 19 世紀中葉開始，貝利奧爾學院由一系列傑出的建築師重建，分別是沃特豪斯（Waterhouse）、巴特菲爾德（Butterfield）、肯恩（Keen）和薩爾維尼（Salvin），周圍的其他建築物包含 15

世紀到 20 世紀的各種風格，莊重、典雅，令全球絕大多數大學難望其項背，成為知名參觀景點。

在創建的前兩百五十多年中，學院的規模很小，但培養不少優秀的學生，其中最著名的是《聖經》英文版的翻譯者約翰・威克利夫（John Wyclif）。

19 世紀中期，班傑明・喬維特（Benjamin Jowett）出任貝利奧爾學院院長，將學院帶上發展的顛峰，他鼓勵學生與教師發展緊密友好的關係，並鼓勵教授參與討論如何進行學院改革，逐漸將學院發展成為牛津最重要的學院之一。

大英帝國多位聞人來自這所學院，例如現代經濟學之父亞當・斯密（Adam Smith），作家馬修・阿諾德（Matthew Arnold）、奧爾德斯・赫胥黎（Aldous Huxley）；三位英國前首相，除了赫伯特・阿斯奎斯（Herbert Asquith），還有哈羅德・麥克米倫（Harold Macmillan），和愛德華・希思（Edward Heath）；2003 年的諾貝爾物理學獎得主安東尼・萊格特爵士（Anthony Leggett）；末代香港總督彭定康。

To the Tang Foundation

May you continue in your efforts
to inspire reflection, creativity
invention and their application
to the enrichment of culture
and the improvement of
life on this planet.

Joseph Raz

20. 9. 2018

致唐獎教育基金會：

　　希望基金會可以持續地啟發影響，鼓勵創意的發明及應用，豐富文化和優化我們的生活。

約瑟夫・拉茲
2018年9月20日

附錄　唐獎歷屆得獎者

永續發展獎

2014　Gro Harlem Brundtland（格羅‧哈萊姆‧布倫特蘭）

2016　Arthur Rosenfeld（亞瑟‧羅森費爾德）

2018　James Hansen（詹姆士‧漢森）

　　　Veerabhadran Ramanathan（維拉布哈德蘭‧拉馬納森）

生技醫藥獎

2014　James Allison（詹姆斯‧艾利森）

　　　Tasuku Honjo（本庶　佑）

2016　Emmanuelle Charpentier（伊曼紐‧夏彭提耶）

　　　Jennifer Doudna（珍妮佛‧道納）

　　　Feng Zhang（張鋒）

2018　Tony Hunter（東尼‧杭特）

　　　Brian Druker（布萊恩‧德魯克爾）

　　　John Mendelsohn（約翰‧曼德森）

漢學獎

2014　Yu Ying-shih（余英時）

2016　William Theodore de Bary（狄培理）

2018　Stephen Owen（宇文所安）

　　　Yoshinobu Shiba（斯波義信）

法治獎

2014　Albie Sachs（奧比‧薩克思）

2016　Louise Arbour（路易絲‧阿爾布爾）

2018　Joseph Raz（約瑟夫‧拉茲）

持志以恆：唐獎第三屆得主的故事

2019年7月初版　　　　　　　　　　　　　　定價：新臺幣390元
有著作權‧翻印必究
Printed in Taiwan.

著　　　者	梁　玉　芳
叢書編輯	張　　　擎
校　　　對	馬　文　穎
內文排版	江　宜　蔚
封面設計	兒　　　日
編輯主任	陳　逸　華

出　版　者　聯經出版事業股份有限公司　　總編輯　胡　金　倫
地　　　址　新北市汐止區大同路一段369號1樓　總經理　陳　芝　宇
編輯部地址　新北市汐止區大同路一段369號1樓　社　長　羅　國　俊
叢書主編電話　(02)86925588轉5321　　發行人　林　載　爵
台北聯經書房　台北市新生南路三段94號
電　　　話　(02)23620308
台中分公司　台中市北區崇德路一段198號
暨門市電話　(04)22312023
台中電子信箱　e-mail：linking2@ms42.hinet.net
郵政劃撥帳戶　第0100559-3號
郵撥電話　(02)23620308
印　刷　者　文聯彩色製版印刷有限公司
總　經　銷　聯合發行股份有限公司
發　行　所　新北市新店區寶橋路235巷6弄6號2樓
電　　　話　(02)29178022

行政院新聞局出版事業登記證局版臺業字第0130號

本書如有缺頁，破損，倒裝請寄回台北聯經書房更換。　　ISBN　978-957-08-5335-3 (平裝)
聯經網址：www.linkingbooks.com.tw
電子信箱：linking@udngroup.com

執行製作／有故事股份有限公司
執行主編／李漢昌
執行企劃／鍾佳陽、賴婉玲、林姮聿
圖片提供　唐獎教育基金會、有故事股份有限公司
地　　　址／台北市信義區基隆路一段178號12樓
編輯電話／(02) 27652000#5717

國家圖書館出版品預行編目資料

持志以恆：唐獎第三屆得主的故事/梁玉芳著 . 初版 .
　新北市 . 聯經 . 2019年7月（民108年）. 272面 . 17×23公分
　ISBN　978-957-08-5335-3（平裝）

1.自我實現　2.成功法

177.2　　　　　　　　　　　　　　　　　　　108008681